Heiko Henning Rischbieter

Finanzierung mittelständischer Unternehmen mittels kapitalmarktorientierter Finanzierungsinstrumente

Eine Einführung in die Grundlagen und gängigen Instrumente

disserta
Verlag

Rischbieter, Heiko Henning: Finanzierung mittelständischer Unternehmen mittels kapitalmarktorientierter Finanzierungsinstrumente. Eine Einführung in die Grundlagen und gängigen Instrumente, Hamburg, disserta Verlag, 2014

Buch-ISBN: 978-3-95425-450-7
PDF-eBook-ISBN: 978-3-95425-451-4
Druck/Herstellung: disserta Verlag, Hamburg, 2014
Covermotiv: © carlosgardel – Fotolia.com

Bibliografische Information der Deutschen Nationalbibliothek:
Die Deutsche Nationalbibliothek verzeichnet diese Publikation in der Deutschen Nationalbibliografie; detaillierte bibliografische Daten sind im Internet über http://dnb.d-nb.de abrufbar.

Das Werk einschließlich aller seiner Teile ist urheberrechtlich geschützt. Jede Verwertung außerhalb der Grenzen des Urheberrechtsgesetzes ist ohne Zustimmung des Verlages unzulässig und strafbar. Dies gilt insbesondere für Vervielfältigungen, Übersetzungen, Mikroverfilmungen und die Einspeicherung und Bearbeitung in elektronischen Systemen.

Die Wiedergabe von Gebrauchsnamen, Handelsnamen, Warenbezeichnungen usw. in diesem Werk berechtigt auch ohne besondere Kennzeichnung nicht zu der Annahme, dass solche Namen im Sinne der Warenzeichen- und Markenschutz-Gesetzgebung als frei zu betrachten wären und daher von jedermann benutzt werden dürften.

Die Informationen in diesem Werk wurden mit Sorgfalt erarbeitet. Dennoch können Fehler nicht vollständig ausgeschlossen werden und die Diplomica Verlag GmbH, die Autoren oder Übersetzer übernehmen keine juristische Verantwortung oder irgendeine Haftung für evtl. verbliebene fehlerhafte Angaben und deren Folgen.

Alle Rechte vorbehalten

© disserta Verlag, Imprint der Diplomica Verlag GmbH
Hermannstal 119k, 22119 Hamburg
http://www.disserta-verlag.de, Hamburg 2014
Printed in Germany

Inhaltsverzeichnis

Abbildungsverzeichnis 11

Anlagenverzeichnis 12

Abkürzungsverzeichnis 13

A. Einleitung 15

    I. Thema und Zielsetzung der Arbeit 15

        1. Problemstellung 15

        2. Ziel der Arbeit 15

        3. Themenabgrenzung 16

    II. Aufbau der Arbeit und Vorgehensweise 16

    III. Abgrenzung der Untersuchungsobjekte und Definition zentraler Begriffe 17

        1. Kapitalmarktorientierung 17

            a) Kapitalmarkt 17

            b) Kapitalmarktorientierung 18

                aa) Gesetzliche Definition 18

                bb) Kapitalmarktorientierung nach dem Shareholder Value-Gedanken 19

                cc) Eigene Definition der Kapitalmarktorientierung 19

        2. Mittelständische Unternehmen 19

            a) Definitionen des Begriffs Mittelstand 19

            b) Eigene Definition des Begriffs Mittelstand 21

        3. Zwischenergebnis 21

B. Grundlagen der Unternehmensfinanzierung 22

    I. Einführung 22

        1. Bedeutung der Unternehmensfinanzierung für das Gesamtunternehmen 22

        2. Anlässe der Unternehmensfinanzierung 22

        3. Unterscheidung der verschiedenen Finanzierungsalternativen 23

    II. Finanzplanung und Finanzierungsstrategie 24

        1. Finanzplanung 24

            a) Die Finanzplanung in der betrieblichen Gesamtplanung 24

            b) Bestandteile der Finanzplanung 25

            c) Bedeutung der Risiko- und Sensitivitätsanalyse für die Finanzplanung 27

            d) Besondere Aspekte der Finanzplanung bei Familienunternehmen 27

        2. Finanzierungsstrategie 28

        3. Gestaltung der Fälligkeitsstruktur 29

 III. Entscheidungskriterien bei der Auswahl von Finanzierungsinstrumenten 30

 IV. Arten von Finanzierungsinstrumenten 31

  1. Überblick 31

  2. Eigenkapital in der Unternehmensfinanzierung 31

  3. Fremdkapital in der Unternehmensfinanzierung 32

C. Wandel in der Finanzierung mittelständischer Unternehmen 33

 I. Bankkredite und Fremdfinanzierung bisher im Vordergrund 33

 II. Kapitalmarktfinanzierung in Deutschland bisher unterentwickelt 33

 III. Schwächen des klassischen Finanzierungsverhaltens 34

  1. Auswirkungen der Finanzkrise 34

  2. Auswirkungen von Basel II und Basel III 34

  3. Folgen für die Unternehmensfinanzierung im deutschen Mittelstand 37

 IV. Neues Rollenverständnis der Banken 38

 V. Veränderungen im Finanzierungsbedarf des Mittelstands 39

 VI. Kapitalmarkt als alternative Finanzierungsoption 40

D. Kapitalmarktfähigkeit mittelständischer Unternehmen 41

 I. Bedeutung der Kapitalmarktfähigkeit 41

 II. Kriterien zur Beurteilung der Kapitalmarktfähigkeit 41

  1. Wirtschaftliche Kapitalmarktfähigkeit 41

   a) Unternehmensbezogene Kriterien 42

   b) Transaktionsbezogene Kriterien 42

  2. Innere Kapitalmarktfähigkeit 43

   a) Organisation des Unternehmens 43

   b) Rechnungslegung und Transparenz 44

    aa) Anforderungen der Kapitalmarktfähigkeit an Rechnungslegung und Transparenz eines Unternehmens 44

    bb) Problematik der Transparenz aus Sicht mittelständischer Unternehmen 44

    cc) Zusammenhang von Transparenz, Kapitalkosten und Unternehmenswert 46

  3. Formale Kapitalmarktfähigkeit 46

 III. Prüfung der Kapitalmarktfähigkeit 47

 IV. Entscheidungsprozess zur Nutzung des Kapitalmarkts 47

E. Darstellung ausgewählter Finanzierungsinstrumente 49

 I. Überblick 49

 II. Aktienemission / Börsengang 49

  1. Einleitung 49

  2. Argumente für und gegen einen Börsengang 50

- a) Argumente für einen Börsengang 50
- b) Argumente gegen einen Börsengang 50
- 3. Aktienarten und Einflusssicherung 52
  - a) Nennbetrags- und Stückaktien 52
  - b) Inhaber- und Namensaktien 52
  - c) Stamm- und Vorzugsaktien 53
  - d) Kommanditgesellschaft auf Aktien 53
  - e) Weitere Möglichkeiten zur Einflusssicherung 54
    - aa) Poolvertrag (Stimmrechtsbindungsvertrag) 54
    - bb) Erhöhung von Mehrheitserfordernissen 54
- 4. Vorbereitung des Unternehmens auf einen Börsengang 54
- 5. Vorbereitung und Durchführung eines Börsengangs 55
  - a) Überblick 55
  - b) Emissionskonzept 57
  - c) Marktsegmente und ihre Zulassungsvoraussetzungen und Folgepflichten 57
  - d) Kapitalmarktpartner und deren Auswahl 58
  - e) Bestimmung von Unternehmenswert und Emissionskurs 60
  - f) Durchführung des Börsengangs 60
    - aa) Platzierungsverfahren 61
    - bb) Wertpapierprospekt und Zulassungsantrag 61
  - g) Kosten des Börsengangs und Folgekosten einer Börsennotierung 61
- 6. Zwischenfazit 62

III. Mittelstandsanleihen 63
- 1. Charakteristika von Mittelstandsanleihen 63
  - a) Überblick über Anleihen als Finanzierungsinstrument 63
  - b) Abgrenzung Mittelstandsanleihen gegenüber anderen Anleihen 64
- 2. Volumen, Konditionen und Ausstattungsmerkmale 65
  - a) Volumen 65
  - b) Laufzeit 65
  - c) Anleihebedingungen 65
  - d) Verzinsung 66
  - e) Emissionskosten 68
  - f) Form, Verbriefung und Stückelung 68
- 3. Vor- und Nachteile von Mittelstandsanleihen 69
- 4. Platzierung von Mittelstandsanleihen 72
- 5. Zwischenfazit 74

IV. Schuldscheindarlehen 74

	1. Charakteristika des Schuldscheindarlehens	74
	2. Volumen, Konditionen und Ausstattungsmerkmale	75
	3. Vor- und Nachteile des Schuldscheindarlehens	76
	4. Platzierung des Schuldscheindarlehens	78
	5. Zwischenfazit	79
V.	Hybride Finanzierungsinstrumente / Mezzaninekapital	80
	1. Charakteristika mezzaniner Finanzierungsinstrumente	80
	2. Volumen, Konditionen und Ausstattungsmerkmale	82
	3. Vor- und Nachteile mezzaniner Finanzierungsinstrumente	84
	4. Schwierigkeiten bei der Refinanzierung von Mezzaninekapital	85
	5. Platzierung von Mezzaninekapital	86
	6. Zwischenfazit	87

F. Folgen und Effekte einer kapitalmarktorientierten Finanzierung **88**

    I. Gesetzlich bedingte Folgen 88

        1. Handels- und gesellschaftsrechtliche Folgen 88

        2. Kapitalmarktrechtliche Folgen 88

    II. Vertraglich bedingte Folgen 89

    III. Faktisch bedingte Folgen 90

    IV. Effekte einer kapitalmarktorientierten Finanzierung 91

    V. Handlungsempfehlungen bei einer kapitalmarktorientierten Finanzierung 92

G. Fazit und Ausblick **94**

    I. Fazit 94

    II. Ausblick 95

Literaturverzeichnis **97**

Anhang **103**

Abbildungsverzeichnis

Abbildung 1:	Unterscheidung öffentlicher und privater Kapitalmarkt	18
Abbildung 2:	Größenunterscheidungen für Unternehmen	20
Abbildung 3:	Unterscheidung der Finanzierungsalternativen	23
Abbildung 4:	Zusammenhänge zwischen Bilanz und Finanzierungsform	24
Abbildung 5:	Finanzierungsprobleme und ihre Auswirkungen im Unternehmen	25
Abbildung 6:	Die Finanzplanung in der betrieblichen Gesamtplanung	26
Abbildung 7:	Ausgewählte Einflussfaktoren auf die Finanzierungsstrategie	28
Abbildung 8:	Instrumente der Unternehmensfinanzierung	31
Abbildung 9:	Beispiel zur Risikogewichtung nach dem Standardansatz	35
Abbildung 10:	Beispiel zur Kapitalunterlegung ungesicherter Kredite	35
Abbildung 11:	Mindest-Eigenkapitalquoten nach Basel II und Basel III	36
Abbildung 12:	Das neue Rollenverständnis der Banken	38
Abbildung 13:	Überblick über kapitalmarktorientierte Instrumente der langfristigen Unternehmensfinanzierung	49
Abbildung 14:	Überblick Ablauf Börsengang	56
Abbildung 15:	Einsatz von Kapitalmarktpartnern	59
Abbildung 16:	Kriterien für die Festlegung der Konditionen einer Anleihe	67
Abbildung 17:	Indikative Kosten einer Anleiheemission	68
Abbildung 18:	Prozess und Zeitplan der Platzierung einer Mittelstandsanleihe	73
Abbildung 19:	Zeitplan für die Platzierung eines Schuldscheindarlehens	79
Abbildung 20:	Vergütungsbestandteile von Mezzaninekapital im Zeitablauf	81
Abbildung 21:	Zeitplan für die Platzierung einer Mezzaninefinanzierung	86

Anlagenverzeichnis

Anlage 1	Nutzwertanalyse bei der Auswahl von Finanzierungsinstrumenten
Anlage 2	Übersicht Ratingskalen
Anlage 3	Beispielhafte Ratingkriterien
Anlage 4-1	Rechnungslegung und Offenlegung: Einzelabschluss
Anlage 4-2	Rechnungslegung und Offenlegung: Konzernabschluss
Anlage 5	Beispielhafte Kriterien zur Beurteilung der Kapitalmarktfähigkeit eines Unternehmens
Anlage 6	Übersicht der Ausprägungen und des Einsatzes kapitalmarktorientierter Finanzierungsinstrumente
Anlage 7	Exkurs: Die Kommanditgesellschaft auf Aktien – Rechtsform für Mittelstand und Familienunternehmen?
Anlage 8	Zulassungsvoraussetzungen und Folgepflichten Mittelstandssegmente
Anlage 9	Indikative Kosten von Börsengang und Börsennotierung
Anlage 10	Börsensegmente für Mittelstandsanleihen

Abkürzungsverzeichnis

a.A.	andere(r) Auffassung
Abs.	Absatz
AG	Aktiengesellschaft
AktG	Aktiengesetz
Art.	Artikel
BBM	Bayerische Börse München
BaFin	Bundesanstalt für Finanzdienstleistungsaufsicht
BGB	Bürgerliches Gesetzbuch
bspw.	beispielsweise
DAX	Deutscher Aktienindex
EONIA	European Overnight Interbank Average
EURIBOR	European Interbank Offering Rate
f.	folgende
ff.	fortfolgende
FTE	Full Time Equivalents
FWB	Frankfurter Wertpapierbörse
ggf.	gegebenenfalls
GmbH	Gesellschaft mit beschränkter Haftung
HGB	Handelsgesetzbuch
Hrsg.	Herausgeber
IAS/IFRS	International Accounting Standards / International Financial Reporting Standards
IfM	Institut für Mittelstandsforschung, Bonn
insb.	insbesondere
IPBO	Initial Public Bond Offering
IPO	Initial Public Offering
i.S.v.	im Sinne von
KG	Kommanditgesellschaft
KGaA	Kommanditgesellschaft auf Aktien
KMU	Kleine und mittelgroße Unternehmen
KWG	Kreditwesengesetz
Mio.	Millionen
Mrd.	Milliarden
rd.	rund
Rz.	Randziffer

PublG	Publizitätsgesetz
UGB	Unternehmensgesetzbuch (Österreich)
u.U.	unter Umständen
S.	Seite(n)
SchVG	Schuldverschreibungsgesetz
SE	Societas Europaea – Europäische Aktiengesellschaft
sog.	sogenannte
SolvV	Solvabilitätsverordnung
VAG	Versicherungsaufsichtsgesetz
Vgl.	Vergleiche
WACC	Weighted Average Costs of Capital
WpHG	Wertpapierhandelsgesetz
WpPG	Wertpapierprospektgesetz
WpÜG	Wertpapiererwerbs- und Übernahmegesetz
z.B.	zum Beispiel

A. Einleitung

I. Thema und Zielsetzung der Arbeit

1. Problemstellung

Mittelständische Unternehmen sind unbestritten die tragende Säule der deutschen Wirtschaft. Innovative Produkte und umfassende Aktivitäten im In- und Ausland sind längst keine Domäne von Großkonzernen mehr. Auch der deutsche Mittelstand hat sich dem globalen Wettbewerb gestellt und nimmt – teils als Marktführer, teils als Nischenplayer – an der Globalisierung teil. Umgekehrt muss er sich aber auch den Auswirkungen der Globalisierung stellen. Dies betrifft nicht nur den Wettbewerb um Technologie und Absatzmärkte, sondern auch um den Zugang zu Kapital. Verschärfter Wettbewerb, zunehmende Marktdynamik und stärkere konjunkturelle Schwankungen lassen die Risiken unternehmerischen Handels und damit verbunden auch die Risiken für die Kapitalgeber steigen. Der Zugang zu ausreichenden Mengen an Kapital zu wettbewerbsfähigen Konditionen dürfte für viele mittelständische Unternehmen zu einem existentiellen Wettbewerbsfaktor geworden sein.[1] Die schwere weltweite Finanz- und Wirtschaftskrise der Jahre 2008/2009 und der schon vorher einsetzende Umbruch in der Bankenlandschaft als Folge der Einführung von Basel II und Basel III haben deutlich gemacht, dass dem Zugang zu Kapital und dem Aufbau von Finanzierungsalternativen abseits der klassischen Hausbank eine wachsende Bedeutung zukommt. Als alternative Finanzierungsquelle neben dem klassischen Hausbankkredit gewinnt hierbei der direkte Zugang zum Kapitalmarkt an Bedeutung.[2]

2. Ziel der Arbeit

Die vorliegende Arbeit will vor diesem Hintergrund die Möglichkeiten und Voraussetzungen für die Finanzierung mittelständischer Unternehmen am Kapitalmarkt betrachten. Hierzu soll aufgezeigt werden, (1) unter welchen Voraussetzungen sich mittelständische Unternehmen über den Kapitalmarkt finanzieren können, (2) welche Instrumente der Kapitalmarktfinanzierung durch den Mittelstand genutzt werden bzw. zusätzlich für ihn in Frage kommen, und (3) welche Auswirkungen deren Nutzung möglicherweise auf tradierte Ansichten und Strategien der Unternehmen hat.

---

[1] Vgl. z.B. *Simon* (2007), S. 257 f.
[2] Vgl. z.B. *Bösl/Hasler* (2012), S. 11; *Finance* (2011), S. 12.

3. Themenabgrenzung

Die Unternehmensfinanzierung ist eines der zentralen Themen der Betriebswirtschaftslehre. Entsprechend umfangreich ist die Bandbreite des vorhandenen Materials. Die vorliegende Arbeit konzentriert sich auf die am öffentlichen und privaten Kapitalmarkt gehandelten langfristigen Finanzierungsinstrumente, die für kapitalmarktorientierte mittelständische Unternehmen infrage kommen. Nicht behandelt werden die Investitionsrechnung und Spezialthemen wie Projekt- und Immobilienfinanzierung, Asset Backed-Securities sowie die Instrumente der kurzfristigen Unternehmensfinanzierung.

II. Aufbau der Arbeit und Vorgehensweise

Im Rahmen der Einleitung in Kapitel A werden zunächst die zu untersuchende Problemstellung und das Ziel dieser Arbeit erläutert sowie die zentralen Untersuchungsbegriffe "Kapitalmarktorientierung" und "mittelständische Unternehmen" definiert. Im Anschluss daran werden im Kapitel B die Grundlagen der Unternehmensfinanzierung erläutert. Kapitel C beschäftigt sich mit dem Wandel in der Finanzierung mittelständischer Unternehmen, hier insbesondere mit den Schwächen des bisherigen Finanzierungsverhaltens und dem geänderten Finanzierungsverhalten der Banken. Die dabei zu erkennenden Interdependenzen werden zusammen mit den zu beobachtenden Veränderungen im Finanzierungsverhalten mittelständischer Unternehmen herausgearbeitet und aufgezeigt, wie eine kapitalmarktorientierte Finanzierung Ansatzmöglichkeiten zur Deckung des Finanzierungsbedarfs bieten könnte. Voraussetzung für eine erfolgreiche Unternehmensfinanzierung am Kapitalmarkt ist die Kapitalmarktfähigkeit des Unternehmens, die in Kapitel D dargestellt wird.

In Kapitel E werden ausgewählte Instrumente für die kapitalmarktorientierte Finanzierung vorgestellt und untersucht, inwieweit diese für die Bedürfnisse mittelständischer Unternehmen geeignet sind. Als Finanzierungsinstrumente werden dabei die klassische Aktienemission, die Emission von sog. Mittelstandsanleihen sowie das Schuldscheindarlehen und das Spektrum der hybriden (mezzaninen) Finanzierungsinstrumente näher erläutert. Obwohl von den rd. 3,2 Mio. Unternehmen in Deutschland weniger als 1.000 Börsennotiert sind,[3] wird auch die Aktienemission ausführlich betrachtet. Grund hierfür ist, dass eine Aktienemission Zugang zu dauerhaftem Eigenkapital bietet und neu geschaffene Börsensegmente gerade auch mittelständischen Unternehmen kleinere Emissionsvolumen ermöglichen. Kapitel F gibt einen Überblick über die Folgen einer kapitalmarktorientierten Finanzierung, die in ihren Ausprägungen unterschiedlich ausfallen. Die Arbeit schließt in Kapitel G mit einem Fazit und einem Ausblick.

---

[3] Vgl. *Habersack/Mülbert/Schlitt* (2008), S. 11, 17.

III. Abgrenzung der Untersuchungsobjekte und Definition zentraler Begriffe

1. Kapitalmarktorientierung

a) Kapitalmarkt

Der Begriff Kapitalmarkt wird in der Fachliteratur nicht einheitlich verwendet. Ausgehend vom Obergriff Finanzmarkt wird zwischen den drei Untergruppen Geldmarkt, Kapitalmarkt sowie den Markt für Finanzderivate unterschieden.[4] Gegenstand des Geldmarktes ist die kurzfristige Überlassung von Geld; unter Kurzfristig ist dabei ein Zeitraum von bis zu zwölf Monaten zu verstehen. Demgegenüber wird am Kapitalmarkt mittel- und langfristig Geld überlassen, mit Laufzeiten von mehr als zwölf Monaten. Der Markt für Finanzderivate umfasst bestimmte Finanzprodukte, die ergänzend zu den Kapitalüberlassungen auf den anderen genannten Finanzmärkten verwendet werden.[5]

Im Kern definiert die Bezeichnung Kapitalmarkt einen Marktplatz, der den Handel von Kapital zwischen verschiedenen Marktteilnehmern ermöglicht, wobei sich die Preise durch Angebot und Nachfrage bestimmen. Grenzt man die Märkte nach den Teilnehmern, den Handelsplätzen und den Handelsregularien ab, kann man weiter in öffentliche und private Kapitalmärkte unterscheiden.[6] Der Begriff Kapitalmarkt kann noch nach weiteren Kriterien unterschieden werden. Hinsichtlich der Organisationsform wird zwischen dem börslichen und außerbörslichen Kapitalmarkt unterschieden. Weiterhin kann zwischen dem Primär- und Sekundärmarkt unterschieden werden. Am Primärmarkt werden neu emittierte Wertpapiere zwischen Emittenten und Investoren gehandelt, während am Sekundärmarkt Investoren mit bereits emittierten Wertpapieren handeln.[7]

---

[4] Vgl. *Zantow/Dinauer* (2011), S. 47; *Volkart* (2011), S. 863.
[5] Vgl. *Zantow/Dinauer* (2011), S. 47.
[6] Vgl. *Achleitner/Kaserer/Günther/Volk* (2011), S. 22 f.
[7] Vgl. *Wassermann* (2011), S. 29.

Kapitalmärkte	
Öffentlicher Kapitalmarkt	**Privater Kapitalmarkt**
• Bestehende Handelsplätze mit Regeln und einem vorgegebenen Maß an Transparenz • Handelbares Wertpapier, welches das Recht auf einen Vermögenswert verbrieft • Verhältnis zwischen den Kapitalgebern und Kapitalnehmern ist anonym	• Beziehung der Kapitalgeber und Kapitalnehmer durch bilateralen Vertrag • Vor und nach Abschluss der vertraglichen Bindung findet ein enger Austausch zwischen den Parteien statt • Vermittlung durch Intermediäre üblich
Aktienmärkte / Rentenmärkte	Private Equity / Private Debt

Abbildung 1: Unterscheidung öffentlicher und privater Kapitalmarkt[8]

Der Kapitalmarkt umfasst Eigen- und Fremdkapitalinstrumente. Während Eigenkapitalinstrumente überwiegend in Form von Wertpapieren auf öffentlichen Kapitalmärkten gehandelt werden, müssen Fremdkapitalinstrumente nicht zwingend in Wertpapieren verbrieft sein. Wertpapierverbriefte Fremdkapitalinstrumente sind beispielsweise Schuldverschreibungen wie Anleihen und Obligationen.[9] Dagegen werden Schuldscheindarlehen und Mezzaninekapital nicht auf öffentlichen, sondern privaten Kapitalmärkten zwischen einem begrenzten Kreis überwiegend institutioneller Investoren gehandelt, bei denen Banken nicht als Kapitalgeber, sondern überwiegend als Intermediäre fungieren.[10] Obwohl man hier auch von kapitalmarktnahem Fremdkapital spricht, sollen diese Instrumente in der vorliegenden Arbeit in Abgrenzung zum klassischen Bankkredit den Kapitalmarktinstrumenten zugeordnet werden. Dies erscheint nach der hier vertretenen Auffassung auch sachgerecht, da sie mittlerweile eine eigene Anlageklasse darstellen und sich für sie ein eigener Markt etabliert hat.[11]

b) **Kapitalmarktorientierung**

aa) **Gesetzliche Definition**

Der Begriff Kapitalmarktorientierung wird von § 264d HGB verwendet. Danach ist eine Gesellschaft kapitalmarktorientiert, wenn sie einen organisierten Markt i.S.v. § 2 Abs. 5 WpHG durch von ihr ausgegebene Wertpapiere i.S.v. § 2 Abs. 1 Satz 1 WpHG in Anspruch nimmt. Die Norm findet auf Kapitalgesellschaften und ihnen nach § 264a HGB gleichgestellte Personengesellschaften Anwendung. Wertpapiere sind Aktien und vergleichbare Anteile an juristischen Personen und Personenge-

---
[8] Nach *Achleitner/Kaserer/Günther/Volk* (2011), S. 23, mit geringfügigen eigenen Ergänzungen.
[9] Vgl. *Däumler/Grabe* (2008), S. 152.
[10] Vgl. *Achleitner/Kaserer/Günther/Volk* (2011), S. 24; *Däumler/Grabe* (2008), S. 173.
[11] Vgl. *Achleitner/von Einem/von Schröder* (2004), S. 82. Das Risiko, dass der Handel derartiger Instrumente in einem illiquiden Markt zum erliegen kommt, sollte der Klassifizierung als Kapitalmarktinstrument nicht entgegenstehen, da dies börsennotierte Aktien und Anleihen ebenso treffen kann.

sellschaften sowie Schuldtitel wie Genussscheine und Inhaberschuldverschreibungen.[12] Durch die Beschränkung auf Wertpapiere und organisierte – also öffentliche – Märkte werden der private Kapitalmarkt und die dort gehandelten Finanzinstrumente nicht von dieser Vorschrift erfasst. Daher erscheint die von § 264d HGB verwendete Definition der Kapitalmarktorientierung für die vorliegende Arbeit nicht geeignet.

bb) Kapitalmarktorientierung nach dem Shareholder Value-Gedanken

Auch die Ableitung der Kapitalmarktorientierung aus dem Shareholder Value-Gedanken, nach dem sich ein Unternehmen zu einer Strategie bekennt, welche die Steigerung des Unternehmenswertes in den Mittelpunkt stellt, ist für die vorliegende Arbeit nur bedingt geeignet. Denn eine solche Ausrichtung der Unternehmensstrategie ist primär für Unternehmen, die Aktien emittiert haben, von Bedeutung. In dieser Arbeit sollen aber die für mittelständische Unternehmen infrage kommenden Finanzierungsinstrumente betrachtet werden. Aktien sind dabei nur eines von mehreren Instrumenten.

cc) Eigene Definition der Kapitalmarktorientierung

Ausgehend von der in Abbildung 1 dargestellten Untergliederung des Kapitalmarktes in einen öffentlichen und einen privaten Kapitalmarkt soll im Sinne der vorliegenden Arbeit unter Kapitalmarktorientierung die Inanspruchnahme öffentlicher und privater Kapitalmärkte für die Finanzierung eines Unternehmens mittels bestimmter Finanzierungsinstrumente und die Ausrichtung der Strategie, Organisation und Führung des Unternehmens an die damit verbundenen Anforderungen verstanden werden.

2. Mittelständische Unternehmen

a) Definitionen des Begriffs Mittelstand

Für den Begriff Mittelstand haben das Institut für Mittelstandsforschung und die Europäische Kommission zwei unterschiedliche Definitionen entwickelt, die sich beide an den quantitativen Größen Beschäftigtenanzahl, Umsatz und Bilanzsumme orientieren.

---

[12] Vgl. *Förschle/Hoffmann* in: BeBiKo, § 264d HGB, Rz. 3.

	Anzahl der Beschäftigten	Jahresumsatz in Mio. EUR	Bilanzsumme in Mio. EUR
Europäische Kommission			
Kleinunternehmen	bis 49	bis 10	bis 10
Mittleres Unternehmen	bis 249	bis 50	bis 43
Großes Unternehmen	ab 250	ab 50	größer 43
Institut für Mittelstandsforschung			
Kleinunternehmen	bis 9	bis 1	
Mittleres Unternehmen	bis 500	bis 50	- / -
Großes Unternehmen	ab 500	ab 50	

Abbildung 2: Größenunterscheidungen für Unternehmen[13]

Ein anderer Ansatz der Definition des Mittelstands ist die Abgrenzung gegenüber Großkonzernen, welche beispielsweise die im DAX und MDAX notierten Unternehmen sind. Hierfür müssten aber die Größenkriterien deutlich nach oben erweitert werden.[14]

Die Initiative "Unternehmertum Deutschland", ein gemeinsames Forschungsprojekt verschiedener Hochschulen und der Unternehmensberatung McKinsey & Company, verwendet eine zweidimensionale Definition des Mittelstands, die auf einem quantitativen und einem qualitativen Kriterium beruht. Das quantitative Definitionsmerkmal ist der Umsatz des betrachteten Unternehmens. Danach gelten Unternehmen mit einem Umsatz zwischen 50 Mio. und 3 Mrd. EUR und mindestens 200 Mitarbeitern[15] als Mittelständisch.[16] Nach Erhebungen des Statistischen Bundesamtes fallen im Jahr 2009 rund 9.400 Unternehmen in diese Gruppe. Diese Unternehmen werden auch als gehobener Mittelstand bezeichnet. Es handelt sich bei ihnen oft um etablierte, international tätige Familiengesellschaften.[17] Als qualitatives Kriterium stellt "Unternehmertum Deutschland" auf die wirtschaftliche Selbständigkeit des Unternehmens ab. Wirtschaftliche Selbständigkeit ist gegeben, wenn das Unternehmen nicht als Tochterunternehmen Teil eines Konzerns i.S.v. § 18 AktG ist und nicht unter einer einheitlichen Leitung[18] steht, sondern die Unternehmensführung ihre Entscheidungen selbst treffen kann.[19]

Dagegen ist es für die Definition unerheblich, welche Rechtsform das Unternehmen hat, ob es börsennotiert ist und ob es sich um ein Familienunternehmen handelt, in dem eine Einzelperson oder Familie einen Stimmrechtsanteil von mindestens 5% hält und in einem der obersten Leitungsorgane

---

[13] Quelle: *Europäische Kommission* (2006), *IfM* (2012).
[14] Vgl. *Achleitner/von Einem/von Schröder* (2004), S. 7, die eine Umsatzgrenze von 500 Mio. EUR verwenden.
[15] Obwohl nicht gesondert erwähnt, dürfte es sich dabei um Full Time Equivalents (FTE) handeln.
[16] Vgl. *Kann* (2011), S. 4.
[17] Vgl. *Kann* (2011), S. 5.
[18] Vgl. zum Konzernbegriff und dem Kriterium der einheitlichen Leitung *Küting/Weber* (2010), S. 35 ff.
[19] Vgl. *Schulte* (2005), S. 4 f.

vertreten ist. Die Größenmerkmale des § 267 HGB sind für die Definition des Mittelstands dagegen ungeeignet, da bei ihnen die Zielsetzung in der Informationsvermittlung im Hinblick auf den Gläubigerschutzgedanken besteht. Dies gilt auch für die Größenmerkmale nach § 1 PublG und § 221 Abs. 2 UGB.

b) Eigene Definition des Begriffs Mittelstand

Die vom Institut für Mittelstandsforschung und der Europäischen Kommission verwendeten Größenklassen erscheinen im Hinblick auf die Zielsetzung der vorliegenden Arbeit ungeeignet, da Unternehmen dieser Größenordnungen sich im Regelfall nur selten über den Kapitalmarkt finanzieren dürften. Ferner erscheinen die dort verwendeten Größenordnungen fraglich, weil im Umkehrschluss bereits ab einem Umsatz von 50 Mio. EUR ein Großunternehmen vorliegen würde. Setzt man diesen Wert in Relation mit den Umsatzerlösen der im DAX und MDAX notierten Unternehmen, würde man eine sehr umfassende Bandbreite an Großunternehmen erhalten.

Die von der Initiative "Unternehmertum Deutschland" aufgestellten Abgrenzungsmerkmale erscheinen insgesamt vorzugswürdig und sollen daher für Zwecke dieser Arbeit übernommen werden.

3. Zwischenergebnis

Unter einem kapitalmarktorientierten mittelständischen Unternehmen im Sinne dieser Arbeit wird ein Unternehmen verstanden, dass öffentliche und private Kapitalmärkte für seine Finanzierung in Anspruch nimmt, hierbei seine Strategie, Organisation und Führung auf die damit verbundenen Anforderungen ausrichtet, einen Umsatz zwischen 50 Mio. und max. 3 Mrd. EUR erzielt, mindestens 200 FTE-Mitarbeiter beschäftigt und kein abhängiges Konzernunternehmen im Sinne des § 18 AktG ist.

B. Grundlagen der Unternehmensfinanzierung

I. Einführung

1. Bedeutung der Unternehmensfinanzierung für das Gesamtunternehmen

Die Finanzierung eines Unternehmens ist unabdingbarer und integraler Bestandteil seiner wirtschaftlichen Tätigkeit. Produktions-, Absatz-, Investitions- und Finanzierungstätigkeit sind eng miteinander verbunden und stehen zueinander in gegenseitiger Abhängigkeit. Für den Finanzierungsbereich des Unternehmens gilt, wie für die anderen Teilbereiche, das Streben nach einer Optimierung der Entscheidungen. Neben einer Minimierung der Kapitalkosten ist die Sicherung der Zahlungsbereitschaft des Unternehmens dabei strikte Nebenbedingung, ohne deren Beachtung die Erreichung der für das Gesamtunternehmen geltenden Ziele gefährdet wird.[20] Die nachfolgenden Ausführungen gelten dabei grundsätzlich unabhängig vom Alter des Unternehmens (Start up, etabliertes Unternehmen).

2. Anlässe der Unternehmensfinanzierung

Der Bedarf an Kapital geht einher mit konkreten betrieblichen Anlässen. Mögliche Verwendungszwecke sind die Finanzierung des Unternehmenswachstums, Sicherstellung der Liquiditätsversorgung, Refinanzierung bestehender Kredite (Anschlussfinanzierung), eine Restrukturierung der gegenwärtig gegebenen Unternehmensfinanzierung (Umschuldung, z.B. zur Optimierung der durchschnittlichen Kapitalkosten oder des Fälligkeitsprofils) sowie Lösungen anlässlich der Übertragung des Unternehmens. Finanzierungsanlässe im Zusammenhang mit dem Unternehmenswachstum lassen sich in internes und externes Wachstum unterscheiden. Beim internen Wachstum stehen die Finanzierung von Ersatz-, Rationalisierungs- und Erweiterungsinvestitionen, die Aufstockung der Betriebsmittel und die Deckung möglicher Anlaufverluste im Mittelpunkt. Aus dem externen Unternehmenswachstum resultiert Finanzierungsbedarf beispielsweise aus der Akquisition von anderen Unternehmen im Rahmen von Expansions- oder Diversifikationsstrategien sowie der Beteiligung an Kooperationen und Joint Ventures.

---

[20] Vgl. *Wöhe/Döring* (2008), S. 581; *Zantow/Dinauer* (2011), S. 39 f.

3. Unterscheidung der verschiedenen Finanzierungsalternativen

Dem Unternehmen stehen im Kern zwei verschiedene Finanzierungsalternativen zur Auswahl, nämlich die Eigen- und die Fremdfinanzierung. Beide Alternativen werden je nach Herkunft der Mittel weiter in die Innen- und Außenfinanzierung unterschieden.

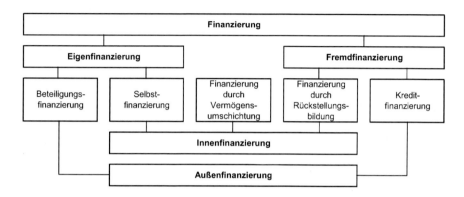

Abbildung 3: Unterscheidung der Finanzierungsalternativen[21]

Die Eigenfinanzierung unterteilt sich in die Beteiligungs- und die Selbstfinanzierung. Bei der Beteiligungsfinanzierung wird dem Unternehmen von Kapitalgebern langfristiges Kapital zur Verfügung gestellt, wofür im Regelfall (je nach Ausprägung des Finanzierungsinstruments) Ansprüche auf Gewinnbeteiligung und Mitspracherechte bei der Leitung des Unternehmens gewährt werden. Die Selbstfinanzierung entsteht aus im Unternehmen belassen Gewinnen, wobei dies aufgrund gesetzlicher und statuarischer Verpflichtungen oder freiwillig erfolgen kann. Werden ausgewiesene Gewinne im Unternehmen belassen, liegt eine offene Selbstfinanzierung vor. Eine stille Selbstfinanzierung liegt vor, wenn durch bilanzielle Bewertungsakte stille Reserven gebildet werden.

Innerhalb der Fremdfinanzierung hat die Kreditfinanzierung in Deutschland die größte Bedeutung.[22] Wesentliches Merkmal der Fremdfinanzierung ist die zeitlich befristete kurz-, mittel- oder langfristige Überlassung von Kapital, wofür im Gegenzug Zinsen an die Kapitalgeber zu zahlen sind. Mitspracherechte bei der Leitung des Unternehmens werden dagegen grundsätzlich nicht gewährt. Bei der Finanzierung durch Rückstellungsbildung besteht der Finanzierungseffekt darin, dass dem Unternehmen durch Umsätze zugeflossene liquide Mittel für eine bestimmte Zeit zwischen Bildung und Verbrauch der Rückstellung überlassen werden. Rückstellungen stellen bedingtes,[23] zugleich aber auch herrenloses Fremdkapital dar.

---

[21] Quelle: *Wöhe/Döring* (2008), S. 519.
[22] Vgl. *Habersack/Mülbert/Schlitt* (2008), S. 10 f.; *Kann* (2011), S. 10; *Zantow/Dinauer* (2011), S. 143.
[23] Vgl. *Däumler/Grabe* (2008), S. 349 ff.

Bei der Finanzierung durch Vermögensumschichtung besteht der Finanzierungseffekt darin, dass bereits vorhandene Vermögenswerte in Liquidität gewandelt oder bereits bestehende Schulden gegeneinander getauscht werden. Gleichwohl kann die Vermögensumschichtung für die Liquiditätssicherung des Unternehmens von Bedeutung sein, beispielsweise wenn durch die Veräußerung von Anlage- oder Umlaufvermögen benötigte Liquidität freigesetzt wird oder durch Umwandlung von kurzfristigen in langfristige Verbindlichkeiten oder von Fremd- in Eigenkapital fällige Mittelabflüsse in die Zukunft verschoben oder aufgehoben werden.

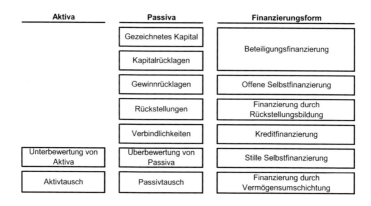

Abbildung 4: Zusammenhänge zwischen Bilanz und Finanzierungsform[24]

II. Finanzplanung und Finanzierungsstrategie

1. Finanzplanung

a) Die Finanzplanung in der betrieblichen Gesamtplanung

Der Kapitalbedarf des Unternehmens wird durch die Zahlungsströme bestimmt, die durch den betrieblichen Leistungsprozess ausgelöst werden. Die Erstellung einer mit den anderen betrieblichen Teilbereichen abgestimmten Finanzplanung ist erforderlich, damit der Finanzbereich nicht zum Engpassfaktor im Unternehmen wird. Der Finanzplan ist eng mit den übrigen betrieblichen Teilplänen (Beschaffungs-, Produktions-, Absatz-, Investitions- und Kostenplan) verknüpft. Änderungen in einem der Pläne wirken sich aufgrund der gegebenen Interdependenzen auf die anderen Pläne aus.[25] Die Bedeutung der Finanzplanung wird deutlich, wenn man die möglichen Folgen von Finanzierungsproblemen betrachtet:

---

[24] Eigene Darstellung.
[25] Vgl. *Graumann* (2008), S. 406.

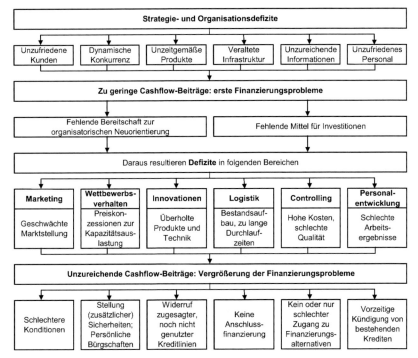

Abbildung 5: Finanzierungsprobleme und ihre Auswirkungen im Unternehmen[26]

Auch im Hinblick auf eine angestrebte oder bereits bestehende kapitalmarktorientierte Finanzierung kommt einer fundierten Finanzplanung hohe Bedeutung zu. Ohne sie dürfte es schwer sein, eine schlüssige und aussagefähige Equity Story oder Credit Story zu entwickeln und belastbare zukunftsgerichtete Annahmen und Aussagen zur zukünftigen Entwicklung der Vermögens-, Finanz- und Ertragslage, beispielsweise im Prognoseteil des Jahresabschlusses oder einem Wertpapierprospekt, treffen zu können.

b) **Bestandteile der Finanzplanung**

Der Finanzplan umfasst die Teilpläne Betrieblicher Finanzplan, Neutraler Finanzplan und Kreditplan. Hierauf bauen die Kapitalbeschaffungs-, Liquiditäts- und Rentabilitätsplanung sowie die Planbilanz und Plan-GuV auf.

Im Betrieblichen Finanzplan werden die Ein- und Auszahlungen aus den übrigen Teilplänen erfasst. Im Neutralen Finanzplan werden Ein- und Auszahlungen erfasst, die zwar dem Gesamtunternehmen, nicht aber dem Bereich der betrieblichen Leistungserstellung zuzuordnen sind. Im Kreditplan spiegeln sich Ein- und Auszahlungen aus der Aufnahme und Rückzahlung von aufgenommen oder gewährten Krediten wider, die zu Beginn der Planungsperiode bereits vorhanden sind. Aus der Summe der in

---

[26] Nach *Graumann* (2008), S. 408, mit geringfügigen eigenen Ergänzungen.

diesen drei Teilplänen erfassten Ein- und Auszahlungen wird im Gesamtfinanzplan der Überschuss oder Zusatzbedarf an Liquidität ermittelt. Im Gesamtfinanzplan werden der Anfangsbestand der liquiden Mittel sowie eine Liquiditätsreserve mit berücksichtigt.

Der im Gesamtfinanzplan ermittelte Überschuss oder Zusatzbedarf an Liquidität ist durch geeignete Maßnahmen auszugleichen. Dies muss unter Beachtung der grundlegenden Bedingungen der Unternehmensfinanzierung, nämlich Optimierung der Kapitalkosten, Sicherstellung einer jederzeitigen Zahlungsbereitschaft des Unternehmens und Einhaltung akzeptabler Jahresabschlussrelationen, insbesondere hinsichtlich der vertikalen und horizontalen Kapitalstruktur, erfolgen.[27]

Die Kapitalbeschaffungsplanung gibt Auskunft, wann, in welchem Umfang und aus welchen Quellen der Zusatzbedarf an Liquidität konkret gedeckt werden soll. Die Rahmenbedingungen hierfür sind in der Finanzierungsstrategie festzulegen. Die Liquiditätsplanung umfasst neben den vorhandenen Bankguthaben und Schulden auch potentielle Liquidität in Form von abrufbaren, bereits zugesagten Kreditfazilitäten. Die Rentabilitätsplanung sowie die Planbilanz und Plan-GuV runden die Finanzplanung ab.

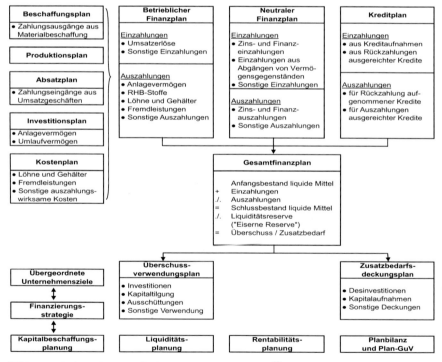

Abbildung 6: Die Finanzplanung in der betrieblichen Gesamtplanung[28]

---

[27] Vgl. *Graumann* (2008), S. 406 f.
[28] Nach *Graumann* (2008), S. 407, mit geringfügigen eigenen Ergänzungen.

Die zeitliche Perspektive der Finanzplanung richtet sich nach der Art der Planung. Handelt es sich um eine Jahresplanung, wird auf Monatsbasis geplant. Dagegen werden die mittel- und langfristige Planung auf Jahresbasis geplant, wobei mit zunehmenden Planungshorizont Details zunehmend durch fortgeschriebene Annahmen ersetzt werden.

c) Bedeutung der Risiko- und Sensitivitätsanalyse für die Finanzplanung

Eine realistische Finanzplanung umfasst auch eine Risiko- und Sensitivitätsanalyse, anhand derer Schwachstellen erkannt und daraus geeignete bzw. erforderliche Gegenmaßnahmen abgeleitet werden. Hierzu wird der als realistisch angesehene Normalfall der Planung (Base Case-Szenario) um ein Szenario mit einer positiven Abweichung vom Normalfall (Best Case-Szenario) und einer negativen Abweichung (Worst Case-Szenario) aufgestellt. Ziel ist es, Erkenntnisse über möglicherweise bestandsgefährdene Risiken und ihre Auswirkungen zu erlangen. Hierauf aufbauend können Gegenmaßnahmen und Risikovermeidungsstrategien entwickelt werden. Dabei birgt nicht nur das Worst Case-Szenario Risiken. Auch mit einem Best Case-Szenario können Risiken verbunden sein, wenn beispielsweise aufgrund einer zu guten Unternehmensentwicklung finanzielle Ressourcen zur Wachstumsfinanzierung fehlen oder Klumpenrisiken in Form von Abhängigkeiten von einzelnen Märkten oder (Schlüssel-)Kunden erwachsen. Eine solche Schwachstellenanalyse bietet gleichzeitig Verbesserungspotential, wenn die entdeckten Risiken beseitigt oder minimiert werden.

d) Besondere Aspekte der Finanzplanung bei Familienunternehmen

Bei in Familienbesitz stehenden Unternehmen kann sich die Finanzplanung nicht ausschließlich auf das Unternehmen beschränken, sondern sollte darüber hinaus auch die Erwartungen der Unternehmenseigner berücksichtigen. Von Bedeutung sind dabei z.B. die Leitung des Unternehmens, das zukünftige Ausschüttungsverhalten des Unternehmens und die Besteuerung der Ausschüttungen auf Ebene der Anteilseigner.

Insbesondere wenn eine Vielzahl von Anteilseignern an dem Unternehmen nur ein rein finanzielles Interesse hat und ansonsten im Unternehmen nicht tätig ist, dürfte die Beteiligung nach der hier vertretenen Auffassung unter Risiko-Rendite-Aspekten zunehmend als reine Finanzanlage betrachtet werden. Die Erwartungshaltung der Eigentümer an Ausschüttungen steht dann im Gegensatz zu den Bestrebungen des Unternehmens, durch Thesaurierung von Gewinnen die Eigenkapitalbasis langfristig zu stärken und so das finanzielle Fundament für zukünftiges Wachstum zu legen.

2. Finanzierungsstrategie

Eine erfolgreiche Entwicklung des Unternehmens setzt eine geeignete, zum Unternehmen passende Finanzierung voraus. Der Mix der eingesetzten Finanzierungsinstrumente, ihr zeitlicher Horizont und ihre Flexibilität müssen zur Geschäftstätigkeit des Unternehmens passen und sollten idealerweise auch saisonale und konjunkturelle Schwankungen abdecken (Borrowing base). Um eine passende Finanzierung darstellen zu können, benötigt das Unternehmen daher eine Finanzierungsstrategie, an der sich die Unternehmensleitung orientieren kann. Die Finanzierungsstrategie soll im Wesentlichen beantworten, (1) was, (2) wann, (3) in welcher Höhe, (4) für welche Dauer, (5) womit, (6) mit wem und (7) zu welchen Konditionen finanziert werden kann bzw. muss.

Die Erarbeitung einer Finanzierungsstrategie dient also der Ermittlung und Fixierung der für das Unternehmen im Kontext der gegebenen Rahmenbedingungen als geeignet erachteten Finanzierungsinstrumente, die für die Deckung des im Rahmen der Finanzplanung ermittelten Kapitalbedarfs eingesetzt werden sollen.[29] Bei der Erstellung der Finanzierungsstrategie sind verschiedene Einflussfaktoren zu berücksichtigen:

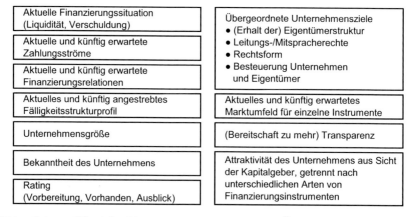

Abbildung 7: Ausgewählte Einflussfaktoren auf die Finanzierungsstrategie[30]

Im Rahmen der Erarbeitung einer Finanzierungsstrategie empfiehlt es sich, dass das Unternehmen sich über seine Stellung aus der Sicht aktueller und potentieller Kapitalgeber in deren Portfolio unter Risiko-Rendite-Aspekten bewusst ist.[31] Das Bewusstsein um die eigene Position im Markt der Kapitalnachfrager sollte den Realitätssinn bei der Auswahl der geeigneten Finanzierungsinstrumente und – wichtiger noch – der Ausgestaltung der am Markt anzubietenden Konditionen schärfen.

---

[29] Vgl. *Müller/Brackschulze/Mayer-Friedrich* (2011), S. 199.
[30] Eigene Darstellung, abgeleitet aus *Meeh-Bunse/Sattler* (2012) und *Grunow/Figgener* (2006), S. 82 f.
[31] Vgl. *Grunow/Figgener* (2006), S. 45 f.

3. Gestaltung der Fälligkeitsstruktur

Die Ausgestaltung der Fälligkeitsstruktur der eingesetzten Finanzierungsinstrumente ist ein wesentlicher Bestandteil der Finanzierungsstrategie. Nicht nur ein ausgewogener Finanzierungsmix, sondern auch eine ausgewogene Finanzierungsstruktur sind Eckpfeiler einer soliden Unternehmensfinanzierung. Während Eigenkapital theoretisch in unbegrenzter Dauer zur Verfügung steht, sind Fremd- und Mezzaninekapital zeitlich befristet und müssen am Ende der Laufzeit zurückgezahlt bzw. refinanziert werden.

Ausgehend von den Finanzierungsregeln, dass das Vermögen des Unternehmens jeweils fristenkongruent finanziert sein sollte, sind die Laufzeiten von genutzten Fremd- und Mezzaninefinanzierungen entsprechend auszugestalten.[32] Dabei ist der vom Unternehmen aufzubringende Kapitaldienst für Zins- und Tilgungsleistungen an den erwarteten Mittelzuflüssen aus der Geschäftstätigkeit auszurichten. Die Einwerbung von Eigen- und Fremdkapital nimmt, je nach Finanzierungsform und -volumen sowie Markt-umfeld, unter Umständen erhebliche zeitliche und personelle Ressourcen in Anspruch. Zu berücksichtigen sind dabei auch mögliche Vorlaufdauern für zu erstellende Dokumentationen, Road Shows und Verhandlungen mit potentiellen Investoren.

Ferner können einzelne Finanzierungsinstrumente in Abhängigkeit vom Marktumfeld möglicherweise nur schwer oder gar nicht für das Unternehmen zugänglich sein. Ein weiterer Aspekt ist, dass die wirtschaftlichen Kennzahlen des Unternehmens – und daran anknüpfender Ratingnoten – im Zeitablauf unterschiedlich gut oder schlecht ausfallen können. Während die Kapitaleinwerbung in Phasen einer guten Geschäftsentwicklung leicht fallen dürfte, müssen in Phasen einer schwachen Geschäftsentwicklung möglicherweise Zugeständnisse bei den Konditionen gemacht werden; eventuell stehen dem Unternehmen aber auch einzelne Finanzierungsinstrumente gar nicht zur Verfügung bzw. die gewünschten Volumen lassen sich nicht im Markt platzieren.

In der Finanzierungsstrategie des Unternehmens sollte darauf geachtet werden, dass die Fälligkeitsstruktur der eingesetzten Finanzierungsinstrumente sich angemessen verteilt, es nicht in einzelnen Jahren zur Bildung von Klumpenrisiken kommt und Vorlaufzeiten in der Organisation der (Re-)Finanzierung angemessen eingeplant werden.

---

[32] Vgl. z.B. *Volkart* (2011), S. 136 f.

III. Entscheidungskriterien bei der Auswahl von Finanzierungsinstrumenten

Jedes Finanzierungsinstrument zeichnet sich durch bestimmte Eigenschaften und Gestaltungsmöglichkeiten aus. Je nach Art und Umfang der Ausgestaltung ergeben sich daraus unterschiedliche Auswirkungen auf die Finanzierungsstruktur des Unternehmens, welche die Entscheidungen der Unternehmensleitung mehr oder weniger stark beeinflussen können. Im Rahmen der Auswahl eines Finanzierungsinstruments muss das Unternehmen die verschiedenen Entscheidungskriterien kennen, ihre individuelle Gewichtung festlegen und mit den Gesamtzielen des Unternehmens sowie den daraus abgeleiteten Teilzielen der Unternehmensfinanzierung abstimmen.

Die Entscheidungskriterien lassen sich in quantitative und qualitative Kriterien unterscheiden. Quantitative Kriterien sind die unmittelbar mit einem Finanzierungsinstrument verbundenen Faktoren wie Volumen, Laufzeit, Stellung von Sicherheiten, Verzinsung, Nebenkosten, Kündigungsrechte der Kapitalgeber sowie Platzierungsdauer und -kosten. Demgegenüber stehen die qualitativen Kriterien, bei denen die Auswirkungen des einzelnen Finanzierungsinstruments im Kontext der gesamten Unternehmensfinanzierung zu würdigen sind. Hierzu zählen insbesondere Mitspracherechte, Möglichkeiten zur variablen Tilgung und Verzinsung sowie deren Stundung, der mit dem Finanzierungsinstrument verbundene organisatorische Aufwand (Einmalige und laufende Berichts- und Dokumentationspflichten), die Komplexität und Handhabung, Anforderungen an die Transparenz des Unternehmens, die Zurechnung zum bilanziellen oder wirtschaftlichen Eigenkapital, steuerliche Auswirkungen, Möglichkeiten zur vorzeitigen Beendigung einer einzelnen Finanzierungslösung sowie die Flexibilität des Instruments für eine Restrukturierung im Krisenfall.

Die Vorstellungen der Unternehmensleitung und der Kapitalgeber müssen anhand dieser Kriterien gegeneinander abgewogen und gewertet werden. Die Wertung und daraus abgeleitet eine Priorisierung einzelner Faktoren kann beispielsweise mittels einer Nutzwertanalyse erfolgen. Die dabei gewonnenen Ergebnisse dienen als Entscheidungsgrundlage für die konkrete Auswahl der einzusetzenden Finanzierungsinstrumente.[33]

---

[33] Zur Erläuterung der Nutzwertanalyse vgl. *Graumann* (2008). Ein Beispiel für eine Nutzwertanalyse bei der Auswahl von Finanzierungsinstrumenten ist aus der beigefügten Anlage 1 ersichtlich.

IV. Arten von Finanzierungsinstrumenten

1. Überblick

Die folgende Abbildung gibt einen Überblick über die unterschiedlichen Instrumente der Unternehmensfinanzierung:

Finanzierungsinstrumente	
Außenfinanzierung	**Innenfinanzierung**
Eigenkapitalfinanzierung	Finanzierung aus Abschreibungsgegenwerten
Emissionsfähig: Aktien	Finanzierung aus Rückstellungsgegenwerten
Nicht Emissionsfähig: Kapital-/Geschäftsanteile	**Vermögensumschichtung**
Fremdfinanzierung	Abbau Anlagevermögen (Divestments)
Langfristige Fremdfinanzierung	Reduzierung Umlaufvermögen (Working Capital)
Anleihen	Umwandlung kurz- in langfristige Verbindlichk.
Schuldscheindarlehen	**Mischformen**
Langfristige Darlehen	Stille Beteiligungen
Kurzfristige Fremdfinanzierung	Typische stille Beteiligungen
Kundenanzahlungen	Atypische stille Beteiligungen
Lieferantenkredit	Mezzanine
Kontokorrentkredit	Capital Mezzanine
Wechselkredit	Debt Mezzanine
Sonstige	
Bilanzentlastende Instrumente	
Leasing	
Factoring	

Abbildung 8: Instrumente der Unternehmensfinanzierung[34]

2. Eigenkapital in der Unternehmensfinanzierung

Eigenkapital ist die finanzielle Grundlage eines jeden Unternehmens. Die angemessene Ausstattung mit voll haftendem Eigenkapital, welches das gesamte Risiko trägt, ist zwingende Voraussetzung für die Gewinnung weiterer Kapitalgeber. Je nach Rechtsform und Ausgestaltung der Beziehungen zwischen dem Unternehmen und den Eigentümern fallen die damit verbundenen Rechte (insb. Leitungs- und Gewinnbezugsrechte) und Pflichten (hier insb. Haftung) unterschiedlich aus.[35]

Die Schaffung finanziellen Spielraums, positive Aspekte für ein Rating des Unternehmens sowie das Ausbleiben von Zahlungsmittelabflüssen in schwierigen Phasen der Unternehmensentwicklung sind

---

[34] Eigene Darstellung.
[35] Vgl. *Grunow/Figgener* (2006), S. 248 ff.

die wichtigsten Vorteile von Eigenkapitalinstrumenten. Demgegenüber stehen die Nachteile, dass Eigenkapital unter Umständen schwierig einzuwerben ist, mit der Änderung der Stimmrechtsverhältnisse möglicherweise auch unliebsame Anteilseigner Mitspracherechte in der Unternehmensleitung erlangen und die Entscheidungen der Unternehmensleitung durch die (vermeintlichen) Renditeerwartungen des Kapitalmarkts beeinflusst werden.

Das vereinzelt anzutreffende Argument, Eigenkapital sei die teuerste Form der Unternehmensfinanzierung, ist ein pauschales Vorurteil und in dieser Form wohl nur selten zutreffend. Der Preisunterschied zwischen Eigen- und Fremdkapital liegt hauptsächlich in der von den Kapitalgebern erwarteten höheren Risikoprämie. Diese ist aber letztlich der Ausgleich für die vorstehend erläuterten Leistungen von Eigenkapital.[36]

3. Fremdkapital in der Unternehmensfinanzierung

Fremdkapital ist in der kontinentaleuropäischen Unternehmenslandschaft der mit Abstand größte Bilanzposten. In Deutschland betrug laut Erhebungen der Deutschen Bundesbank im Jahr 2010 die Eigenkapitalquote ca. 25% (zum Vergleich: 1997 ca. 16%).[37] Die restlichen 75% entfallen auf Finanzschulden, Rückstellungen und sonstige Verbindlichkeiten. Der Kapitalmarkt stellt für die Unternehmensfinanzierung ein breites Angebot an Fremdkapitalinstrumenten bereit. Die wesentlichen Vorteile von Fremdkapital liegen in der weitgehenden Planbarkeit der Zahlungsströme, der Vielseitigkeit der Ausgestaltungsvarianten und Mittelverwendungsmöglichkeiten sowie der Tatsache, dass sich durch die Aufnahme von Fremdkapital die Eigentumsverhältnisse im Unternehmen nicht ändern. Demgegenüber sind als Nachteile von Fremdkapital der fortlaufend zu entrichtende Zahlungsstrom für Zins und Tilgung sowie die nur sehr eingeschränkten Möglichkeiten zu Nachverhandlungen bei verschlechterter Geschäftslage zu nennen.[38]

---

[36] Vgl. *Grunow/Figgener* (2006), S. 248, 301 f.
[37] Vgl. *Kann* (2011), S. 10.
[38] Vgl. *Grunow/Figgener* (2006), S. 188 f.

C. Wandel in der Finanzierung mittelständischer Unternehmen

I. Bankkredite und Fremdfinanzierung bisher im Vordergrund

Die Unternehmensfinanzierung in Deutschland wurde in der Vergangenheit durch ein bankorientiertes Finanzsystem mit einer stark ausgeprägten Fokussierung auf die Fremdfinanzierung geprägt. Im Gegensatz dazu ist in den angelsächsischen Ländern, insbesondere den USA und Großbritannien, die Unternehmensfinanzierung stärker auf die Eigenkapitalfinanzierung über den Kapitalmarkt ausgerichtet. Das deutsche Bankensystem, basierend auf den drei Säulen der genossenschaftlichen, öffentlich-rechtlichen und privaten Banken, gewährleistete die Kreditversorgung für deutsche Unternehmen. Mittelständische Unternehmen konnten sich dadurch zu vergleichsweise günstigen Konditionen und langen Laufzeiten finanzieren. Aufgrund der ihrer Unternehmensgröße entsprechend kleinen nachgefragten Volumina und diesen gegenüberstehenden hohem Beschaffungsaufwand, stand dem Mittelstand in der Vergangenheit nur ein eingeschränkter Zugang zum Kapitalmarkt offen.[39]

In diesem bilateral ausgerichteten Finanzierungsverhalten zwischen Unternehmen und Bank basierten Kreditentscheidungen oftmals auf persönlichem Vertrauen, Erfahrungen der Vergangenheit und den vergangenheitsbezogenen Jahresabschlüssen. Im Zusammenspiel mit dem Gläubigerschutz- und Kapitalerhaltungsprinzip des HGB und Steuervermeidungsstrategien war die Rechnungslegung in Deutschland auf die Bildung stiller Reserven durch die Unterlassung von Aktivierungen und möglichst hohe Abschreibungsmöglichkeiten ausgerichtet. Hierin liegt eine der wesentlichen Ursachen für die im internationalen Vergleich niedrigen Eigenkapitalquoten deutscher Unternehmen.

II. Kapitalmarktfinanzierung in Deutschland bisher unterentwickelt

Obwohl die Aktienkultur in Deutschland in den letzten Jahren Fortschritte gemacht hat, leidet sie unter einer im internationalen Vergleich geringen gesellschaftlichen Akzeptanz und spielt daher sowohl als Finanzierungs- als auch als Anlageinstrument nur eine bescheidene Rolle. Nicht zuletzt die schlechten Erfahrungen mit dem Zusammenbruch des Neuen Markts haben das Vertrauen der Privatanleger in die Aktie beeinträchtigt. Eine weitere Ursache für die schwache Ausprägung der öffentlichen Kapitalmärkte liegt darin, dass die Altersvorsorge in Deutschland auf einem staatlich gelenkten Umlageverfahren basiert, während im angelsächsischen Raum die kapitalgedeckte private und betriebliche Altersversorgung für eine entsprechend hohe und konstante Nachfrage am Kapitalmarkt sorgt, wodurch diesem wesentliche Beträge zufließen. Eine Folge hiervon sind die im interna-

---

[39] Vgl. *Achleitner/Kaserer/Günther/Volk* (2011), S. 46; *Habersack/Mülbert/Schlitt* (2008), S. 10 f.

tionalen Vergleich geringe Anzahl börsennotierter Gesellschaften, die geringe absolute Marktkapitalisierung der Börsen und die geringe Börsenkapitalisierung im Verhältnis zum Bruttoinlandsprodukt in Deutschland.[40]

III. Schwächen des klassischen Finanzierungsverhaltens

1. Auswirkungen der Finanzkrise

Seit der dramatischen Verschärfung der Finanzkrise infolge des Zusammenbruchs der US-Investmentbank Lehman Brothers im September 2008 ist das weltweite Finanzsystem durch eine Vertrauenskrise, insbesondere der Banken untereinander, gekennzeichnet. Die Finanzkrise machte bei einer Vielzahl von Banken teils erhebliche Abschreibungen auf sog. "toxische" Wertpapiere und Kreditausfälle infolge der scharfen Rezession im Jahr 2009 und fehlender Refinanzierungsmöglichkeiten einiger Unternehmen erforderlich. Folge hiervon waren Verluste und dadurch sinkende Kernkapitalquoten der Banken, was deren Kreditgewährungsspielraum einschränkte.

Zudem erschwerte das fehlende Vertrauen im Markt den Banken ihre Refinanzierung, da die bisherigen Absatzkanäle für Ausleihungen und Bankschuldverschreibungen plötzlich nur noch in eingeschränktem Maß zur Verfügung standen. So ist beispielsweise in den Jahren 2008 bis 2010 das Emissionsvolumen von Bankschuldverschreibungen in Deutschland um ein Sechstel zurückgegangen.[41] Folge hieraus war, dass die Banken ihrerseits ihr Neugeschäft einschränkten. Die starke Abhängigkeit der Unternehmensfinanzierung von den Banken erweist sich vor diesem Hintergrund als Achillesferse.

2. Auswirkungen von Basel II und Basel III

Durch die Einführung der im Sommer 2004 verabschiedeten Zweiten Basler Eigenkapitalverordnungen (Basel II), die im Jahr 2007 in deutsches Recht umgesetzt wurden, wurde die Unterlegung ausgereichter Kredite durch Eigenkapital des Kreditinstituts neu geregelt. Kern der Regelungen von Basel II ist, dass Kredite in Abhängigkeit von Fristigkeiten, Sicherheiten und Ausfallwahrscheinlichkeiten in unterschiedlicher Höhe mit Eigenkapital zu unterlegen sind. Kredite an Unternehmen mit einer geringen Ausfallwahrscheinlichkeit sind mit weniger Eigenkapital der Bank zu unterlegen als Kredite an Unternehmen mit einer hohen Ausfallwahrscheinlichkeit. Die Ermittlung der Ausfallwahrschein-

---

[40] Vgl. *Habersack/Mülbert/Schlitt* (2008), S. 12 ff.
[41] Vgl. *Kann* (2011), S. 7.

lichkeit erfolgt durch ein externes oder bankinternes Ratingverfahren. Anlage 2 enthält eine Übersicht über gängige Ratingskalen.

Risikogewichte für die nicht kurzfristige Bonitätsbeurteilung nach dem Kreditrisiko-Standardansatz (§§ 33 Nr. 1 lit. b, 54 SolvV, Anlage 1/Tabelle 9 zur SolvV)						
Stufe	1	2	3	4	5	6
Rating (Creditreform)	AAA	AA+ bis A-	BBB+ bis BBB-	BB+ bis BB-	B+ bis B-	CCC und schlechter
Risikogewichte	20%	50%	100%	100%	150%	150%

Abbildung 9: Beispiel zur Risikogewichtung nach dem Standardansatz[42]

Aufsichtsrechtliches Verfahren	Kapitalunterlegung von ungesicherten Unternehmenskrediten			
	Kredit	Risikogewicht	Unterlegungssatz	Eigenkapitalunterlegung
Basel I	1.000.000 € x	100% x	8% =	80.000 €
Basel II im Standardansatz	1.000.000 € x	20% x	8% =	16.000 €
	1.000.000 € x	50% x	8% =	40.000 €
	1.000.000 € x	100% x	8% =	80.000 €
	1.000.000 € x	150% x	8% =	120.000 €
Basel II im IRB-Ansatz	1.000.000 € x	13% x	8% =	10.400 €
	1.000.000 € x	bis 245% x	8% =	196.000 €
	Pauschale Risikogewichte	Auf Basis der Risikoparameter Ausfallwahrscheinlichkeit, Verlusthöhe, Restlaufzeit und ermittelte Risikogewichte		

Abbildung 10: Beispiel zur Kapitalunterlegung ungesicherter Kredite[43]

Die Ermittlung der Ausfallwahrscheinlichkeit im Ratingverfahren erfolgt anhand quantitativer und qualitativer Faktoren.[44] Kernstück der quantitativen Analyse ist die Jahresabschlussanalyse, insbesondere der Relationen von Eigen- und Fremdkapital.[45] An dieser Stelle erweist sich die niedrige Eigenkapitalquote im deutschen Mittelstand erneut als Achillesferse.

Mit der bevorstehenden Einführung von Basel III werden sich die Anforderungen an die Eigenkapital- und Liquiditätsausstattung der Banken erneut verschärfen. Basel III sieht beginnend ab 2013 eine deutliche Erhöhung des harten Kernkapitals (Tier 1a-Kapital) der Banken von derzeit 2,0% auf 4,5% ab 2019 vor. Dieses darf nur aus dem von den Eigentümern zugeführtem Kapital, also Stammkapital

---

[42] Eigene Darstellung, in Anlehnung an Anlage 1/Tabelle 9 zur SolvV.
[43] Eigene Darstellung.
[44] Anlage 3 zeigt als Beispiel hierfür die von Moody's für die Alkoholindustrie entwickelten Beurteilungskriterien.
[45] Vgl. *Müller/Brackschulze/Mayer-Friedrich* (2011), S. 33.

und Gewinnrücklagen, bestehen. Daneben wird weiches Kernkapital (Tier 2-Kapital) nur noch zur Hälfte anerkannt, was zu einer Reduzierung des aufsichtsrechtlich anerkannten Eigenkapitals der Bank führt.[46]

Eigenkapitalart	Basel II	Basel III	Änderung
Hartes Kernkapital (Tier 1a)	2,0%	4,5%	Struktur-verschärfung
Weiches Kernkapital (Tier 1b)	2,0%	1,5%	
Ergänzungskapital (Tier 2)	4,0%	2,0%	
Zwischensumme	**8,0%**	**8,0%**	
Kapitalerhaltungspuffer	- / -	2,5%	Mengen-verschärfung
Antizyklischer Puffer	- / -	2,5%	
Summe	**8,0%**	**13,0%**	

Abbildung 11: Mindest-Eigenkapitalquoten nach Basel II und Basel III[47]

Hieraus resultieren für die deutsche Bankenlandschaft erhebliche Herausforderungen, da den öffentlich-rechtlichen und den genossenschaftlichen Banken aufgrund ihrer Rechtsform der Zugang zum Kapitalmarkt nicht als Eigenkapitalquelle offensteht. Den Privatbanken steht zwar der Kapitalmarkt als Eigenkapitalquelle zur Verfügung. Sie stehen jedoch vor der Ungewissheit, ob sie in dem immer noch durch die Vertrauenskrise geprägten Marktumfeld eine Kapitalerhöhung erfolgreich und zu angemessenen Konditionen ohne zu starke Verwässerung ihrer bisherigen Eigentümerstrukturen platzieren können. Dabei dürften sich die Banken auch des Risikos eines Vertrauensverlustes bei einem Scheitern einer Kapitalerhöhung bewusst sein.[48]

Aus der Verbindung des Eigenkapitals der Bank mit dem Volumen der ausgereichten Kredite entsteht folglich eine indirekte Verschuldungsobergrenze für die Bank, was deren Kreditvergabe limitiert. Da die Bank gleichzeitig mit ihrem Eigenkapital im Sinne des Shareholder Value-Gedanken eine attraktive, über dem Marktdurchschnitt liegende Verzinsung erzielen will, bedeutet dies höhere Kreditzinsen für Kredite mit einem hohen Unterlegungsfaktor.[49] Wenn dabei gleichzeitig die Fixkosten der Bank unverändert bleiben, entsteht Ertragsdruck auf die Bank. Dies dürfte nicht nur zu steigenden Kreditkosten führen, vielmehr wird die Bank die Ergebnisbeiträge aus den Geschäftsbeziehungen zu ihren Kunden insgesamt einer kritischen Prüfung unterziehen.[50] Dem Aufbau von hartem Eigenkapital aus thesaurierten Gewinnen wird daher in Zukunft eine deutlich erhöhte Wirkung zukommen. Dies

---

[46] Vgl. *Sander* (2012a), S. 7; *Schmitt* (2011), S. 106.
[47] Quelle: *Sander* (2012a), S. 7.
[48] Ein Beispiel hierfür ist die im Januar 2012 abgeschlossene Kapitalerhöhung der italienischen Großbank Unicredit: Unicredit konnte zwar 99,8% der Kapitalerhöhung von rund 7,5 Mrd. EUR platzieren, jedoch lag der Ausgabekurs der neuen Aktien bei Bekanntgabe um 43% unter dem Kurs der alten Aktien; vgl. *FTD* (2012).
[49] Vgl. *Müller/Brackschulze/Mayer-Friedrich* (2011), S. 6 ff.; *Schmitt* (2011), S. 105.
[50] Vgl. *Sander* (2012b), S. 339.

impliziert aber zugleich ein steigendes Risikobewusstsein der Banken, was sich in einer selektiveren und zurückgehenden Kreditvergabe widerspiegeln könnte. Eine weitere mögliche Folge könnte darin bestehen, dass die Vergabe von Krediten mit langfristiger Zinsfestschreibung eingeschränkt wird.[51]

3. Folgen für die Unternehmensfinanzierung im deutschen Mittelstand

Das Zusammenspiel von erschwerten Refinanzierungsbedingungen und steigendem Risikobewusstsein dürfte sich zunehmend auf die Kreditvergabepraxis der Banken auswirken. Aus Sicht des deutschen Mittelstands ist dies doppelt problematisch. Zum Einen könnte sich das zur Verfügung stehende Kreditvolumen reduzieren. Zum Anderen werden im Wettbewerb um dieses reduzierte Volumen diejenigen Unternehmen im Vorteil sein, die über ein attraktives Geschäftsmodell und eine ausreichende Eigenkapitalausstattung verfügen. Im Umkehrschluss bedeutet dies für kapitalschwache Unternehmen den Zugang zu weniger Krediten bei steigenden Kosten. Dadurch können möglicherweise Investitionsvorhaben nicht umgesetzt werden, was eine zusätzliche Verschlechterung der Kostenstruktur im Vergleich zu ihren besser finanzierten Wettbewerbern bedeuten würde. Sind dann diese Unternehmen von wenigen Kreditgebern (z.B. der klassischen Hausbank) abhängig, führt dies zu einer zusätzlichen Anspannung der Finanzierungssituation.

Vor dem Hintergrund von Basel III werden die Banken vermutlich die Strategie ihres Kreditgeschäfts stärker an einer selektiven Kreditrisikopolitik ausrichten, während die historisch gewachsene Kundenbeziehung in den Hintergrund treten dürfte. Hierin liegt eine Herausforderung, denn es dürfte einem Unternehmen nur schwer gelingen zu einer neuen Bank eine Kreditbeziehung aufzubauen, wenn die bisherige Hausbank – die das anfragende Unternehmen ja seit langer Zeit kennt und begleitet – sich an der weiteren Unternehmensfinanzierung nicht mehr oder nur noch eingeschränkt beteiligen will.

Dementsprechend müssen sich die Kapital nachfragenden Unternehmen auf geänderte Entscheidungsprozesse bei der Kreditvergabe einstellen. Das Rating des Unternehmens dürfte zukünftig ein zentrales Entscheidungskriterium der Bank – voraussichtlich aber auch anderer Kapitalgeber – bei der Kreditvergabe und den Kreditkonditionen sein. Da neben quantitativen Kriterien insbesondere auch qualitative Kriterien in die Bildung der Ratingnote einfließen, sollten sich auch mittelständische Unternehmen auf die damit verbundenen Anforderungen frühzeitig ausrichten und überprüfen, ob ihre Strukturen und internen Steuerungssysteme den zu erwartenden Anforderungen gerecht werden.

---

[51] Vgl. *Sander* (2012b), S. 338.

IV. Neues Rollenverständnis der Banken

Bereits vor Ausbruch der Finanzkrise setzte ein Umdenken im Rollenverständnis der Banken ein. Die von den Investoren erwarteten hohen Renditen auf das eingesetzte Eigenkapital und steigende regulatorische Auflagen machen das klassische Kreditgeschäft für Banken unter Renditeaspekten zunehmend unattraktiv. Die Banken treten daher verstärkt als Vermittler von Finanzierungsinstrumenten zwischen Kapitalmarkt und Unternehmen auf, ohne dabei auf ihre klassische Rolle als Kreditgeber fixiert zu sein. Sie transformieren also einen Teil ihres klassischen Kreditgeschäfts in ihr Investmentbanking und einen Teil ihres Zinsgeschäfts in das Provisionsgeschäft.[52]

Bisheriges Rollenverständnis der Banken

```
Unternehmen ←—— Kreditanfrage       Refinanzierung ——→ Kapitalmarkt/
            ——→ Kreditbewilligung   Mittelzufluss  ←——  Investoren
                            Bank
```

Neues Rollenverständnis der Banken

```
              Kapitalmarktorientierte Finanzierungsprodukte
Unternehmen ←——————————————————————————————————————→ Kapitalmarkt/
              Mittelzufluss aus Wertpapieremission      Investoren
     Beratung und                      Research, Vermittlung
     emissionsrelevante
     Dienstleistungen      Bank
```

Abbildung 12: Das neue Rollenverständnis der Banken[53]

Dieses neue Rollenverständnis kommt den Banken bei der Vorbereitung auf Basel III entgegen. Denn in diesem Geschäftsmodell geben sie die Risiken der Kreditvergabe aus den eigenen Büchern in den Kapitalmarkt weiter und erhöhen durch ein reduziertes Eigengeschäft gleichzeitig ihre aufsichtsrechtlichen Kapitalquoten. Zudem ist zu erwarten, dass die Banken versuchen werden ihre Kreditvergabe mit dem Vertrieb von Zusatzdienstleistungen, z.B. im Zahlungsverkehr und Währungsmanagement, zu koppeln.

---

[52] Vgl. *Habersack/Mülbert/Schlitt* (2008), S. 26.
[53] Quelle: *Habersack/Mülbert/Schlitt* (2008), S. 26.

V. Veränderungen im Finanzierungsbedarf des Mittelstands

Der Wandel in der Finanzierung mittelständischer Unternehmen ist jedoch nicht auf die Angebotsseite beschränkt. Auch auf Seiten der Nachfrage haben Veränderungen eingesetzt, die zunehmend in einem geänderten Finanzierungsbedarf zum Ausdruck kommen. Dabei sind verschiedene, nachfolgend aufgeführte Entwicklungen zu beobachten.

(1) Typisch für viele mittelständische Unternehmen ist eine expansive Unternehmensentwicklung durch die Ausweitung der Märkte, eine Internationalisierung der Geschäftstätigkeit und anhaltender Investitionsbedarf aufgrund technologischer Fortentwicklung und verkürzten Produktlebenszyklen. Infolge des größeren Geschäftsvolumens steigt der Finanzierungsbedarf.[54]

(2) Mit dem Wachstum bilden sich zunehmend Unternehmensgruppen im Mittelstand heraus. Durch einen Firmenverbund ergeben sich in der Unternehmensfinanzierung neue Möglichkeiten. Insbesondere eine Zentralisierung des Kapitalbedarfs führt zu steigenden Volumina, wodurch zusätzliche Finanzierungsinstrumente zu wirtschaftlich sinnvollen Kostenrelationen möglich werden.

(3) Die dritte Entwicklung liegt in der Verschiebung der Investitionsprofile weg von Sachanlagen hin zu Beteiligungen und immateriellen Werten. Hiermit verbunden ist eine Änderung des Risikoprofils in den Unternehmensbilanzen, da die Bewertung von Beteiligungen und immateriellen Werten deutlich schwieriger ist als bei Sachanlagen. Dementsprechend steigen auf der Aktivseite der Bilanzen das Risiko und damit verbundene Bewertungsabschläge für die Stellung von Kreditsicherheiten, was sich auf der Passivseite durch eine Erhöhung des risikotragenden Eigenkapitals widerspiegeln muss.

(4) Auch werden die Unternehmen sich zunehmend des Risikos einer Abhängigkeit von einem oder wenigen Kapitalgebern bewusst und sind daher bestrebt, ihre Finanzierungsbasis zu verbreitern.

(5) Im Zuge der Unternehmensnachfolge wird die Unternehmensführung oftmals an externe Manager übertragen. Dadurch steigen die Professionalität in der Unternehmensführung und die Bereitschaft, im Interesse des Unternehmens auch familienfremde Eigenkapitalgeber zu beteiligen.

(6) In einem volatilen Kapitalmarkt erscheint es sinnvoll, den eigenen Handlungsspielraum durch die Schaffung von Liquiditätsreserven zu sichern.

(7) Die Unternehmensfinanzierung zeigt die Tendenz, die Kreditaufnahme stärker an der langfristigen Unternehmensstrategie anstatt an einzelnen Investitionsvorhaben auszurichten. Größere Finanzierungsrahmen gewährleisten breitere Handlungsspielräume im Hinblick auf den Investitions- und Betriebsmittelbedarf. Werden die Kreditrahmen als Tranchen ausgestaltet, können diese im Bedarfsfall abgerufen werden, ohne dass ständig zeitintensive Neuverhandlungen erforderlich sind.

---

[54] Vgl. dazu und dem Folgenden *Bösl/Hasler* (2012), S. 11; *Kann* (2011), S. 4 ff

VI. Kapitalmarkt als alternative Finanzierungsoption

Die Finanzmarktkrise hat im Zusammenspiel mit Basel II und Basel III die strukturellen Probleme in der Finanzierung des deutschen Mittelstands in den Vordergrund rücken lassen. Im Spannungsfeld zwischen einem zunehmend restriktiven Kreditangebot und hohen erforderlichen finanziellen Vorleistungen gerät die finanzielle Flexibilität der Unternehmen zunehmend unter Druck. Die Kapitalausstattung und die Fähigkeit sich Kapital zu beschaffen, werden damit zunehmend zu einem kritischen Erfolgsfaktor für die Unternehmensentwicklung.[55]

Vor diesem Hintergrund ist es erforderlich, die Finanzierungsstruktur durch einen kostengünstigen, flexiblen und individuell auf das Unternehmen zugeschnittenen Mix aus verschiedenen Finanzierungsinstrumenten zu optimieren.[56] Durch die Schaffung von speziellen Börsensegmenten für mittelständische Unternehmen öffnet sich gleichzeitig der Kapitalmarkt für einen größeren Teilnehmerkreis aus dem Mittelstand und bietet dadurch neue Möglichkeiten in der Unternehmensfinanzierung.

Je nach der konkreten Unternehmenssituation bietet eine Finanzierung über den Kapitalmarkt drei wesentliche Ansatzpunkte: (1) Die Einwerbung von Eigenkapital mittels Aktienemission oder Aufnahme von Eigenkapital-orientiertem Mezzaninekapital, (2) die Emission einer Anleihe oder eines Schuldscheindarlehens zur Darstellung eines langfristigen Sockels in der Fremdfinanzierung und (3) die Möglichkeit, bedarfsabhängig auf eine bestimmte Finanzierungssituation zugeschnittene zusätzliche Kredite, beispielsweise als Syndizierte Kredite, Schuldscheindarlehen, Private Debt oder Fremdkapital-orientiertem Mezzaninekapital, im Kapitalmarkt zu platzieren.

---

[55] Vgl. *Bösl* (2004), S. 14.
[56] Vgl. *Habersack/Mülbert/Schlitt* (2008), S. 27.

D. Kapitalmarktfähigkeit mittelständischer Unternehmen

I. Bedeutung der Kapitalmarktfähigkeit

Ein Unternehmen wird als kapitalmarktfähig bezeichnet, wenn es die Anforderungen des Kapitalmarkts erfüllt und ihm eine Finanzierung über den Kapitalmarkt, sei es als Eigen- oder Fremdkapital, möglich ist.[57] Mit der Kapitalmarktfähigkeit verbunden ist die Kapitalmarktattraktivität. Kapitalmarktfähigkeit und Kapitalmarktattraktivität sind unverzichtbare Grundvoraussetzungen, damit ein Unternehmen seinen Finanzbedarf am Kapitalmarkt erfolgreich decken kann.[58]

Problematisch ist, dass mit Ausnahme der satzungsrechtlichen Vorgaben organisierter Kapitalmärkte – also den Börsen – keine abschließenden Kriterien vorliegen, anhand derer die Kapitalmarktfähigkeit beurteilt werden kann. Dabei ist die Bedeutung der Kapitalmarktfähigkeit evident, denn wenn eine fehlende Kapitalmarktreife erst im Rahmen einer Emissionsplatzierung (beispielsweise anlässlich einer Due Dilligence-Prüfung) und dabei möglicherweise durch externe Dritte entdeckt wird, kann die Reputation des Unternehmens erheblichen Schaden nehmen und ihm infolgedessen der Zugang zum Kapitalmarkt möglicherweise auf lange Zeit hinaus verschlossen bleiben.[59]

II. Kriterien zur Beurteilung der Kapitalmarktfähigkeit

1. Wirtschaftliche Kapitalmarktfähigkeit

Für die Beurteilung der wirtschaftlichen Kapitalmarktfähigkeit ist zwischen unternehmensbezogenen und transaktionsbezogenen Kriterien zu unterscheiden. Unternehmensbezogene Kriterien behandeln die Frage, ob das Unternehmen eine angemessene Struktur vorweisen kann; transaktionsbezogene Kriterien dagegen die Frage, ob die angestrebte Emission eine sinnvolle wirtschaftliche Größe und ein attraktives Risiko-Rendite-Profil aufweist. Allerdings sind die einzelnen Kriterien oft nicht als feste Größen fixierbar, sondern werden durch die Ausprägungen herangezogener Vergleichsgrößen, das Marktumfeld und die Präferenzen der Kapitalgeber beeinflusst.[60]

---

[57] Vgl. *Achleitner/Kaserer/Günther/Volk* (2011), S. 58; *Grunow/Figgener* (2006), S. 40 f.
[58] Vgl. *Achleitner/Kaserer/Günther/Volk* (2011), S. 58; *Bösl* (2004), S. 47, 52.
[59] Vgl. *Bösl* (2004), S. 47.
[60] Vgl. *Achleitner/Kaserer/Günther/Volk* (2011), S. 61; *Grunow/Figgener* (2006), S. 39.

a) **Unternehmensbezogene Kriterien**

Die Beurteilung der Kapitalmarktreife nach unternehmensbezogenen Kriterien kann insbesondere anhand finanzwirtschaftlicher Kennzahlen erfolgen. Die Kennzahlen werden im Rahmen der Jahresabschlussanalyse gewonnen und analysiert. Typische Kennzahlen sind z.B. Vermögensintensitäten, Aufwands- und Ertragsintensitäten, Rentabilitäts-, Bilanz- und Investitionsanalyse sowie Cashflow- und Liquiditätsanalyse.[61]

Da Fremdkapitalinstrumente im Regelfall einen laufenden Mittelabfluss bedeuten, kommt Cashflow-bezogenen Kennzahlen eine besondere Bedeutung zu, da eine gute Bonität und die Aussicht auf stabile Erträge zur Erfüllung der Zins- und Kapitalrückzahlungen entscheidende Beurteilungskriterien darstellen. Eine weitere bedeutende Kennzahl ist die Eigenkapitalquote, welche die finanzielle Stabilität und Unabhängigkeit von Rückzahlungsverpflichtungen repräsentiert. Daneben sind auch die erwartete künftige Entwicklung von Gewinnmargen[62] und des Free Cash Flow[63] bedeutend. Neben vergangenheitsbezogenen Kennzahlen sind dabei vor allem zukunftsbezogene Kennzahlen, die aus der mittel- und langfristigen Finanzplanung abgeleitet werden, bedeutend.

Ein möglichst hoher Bekanntheitsgrad und guter Ruf des Unternehmens und seiner Produkte sowie die Attraktivität der bedienten Branche und deren Wachstumspotenzial, die Höhe und Entwicklung von Marktanteilen, das Vorhandensein potentieller zukünftiger Wachstumsträger im Produktportfolio sowie die Stabilität des Geschäftsmodells sind ebenso wie die Ziele des Unternehmens und seiner Anteilseigner weitere Kriterien.

b) **Transaktionsbezogene Kriterien**

Transaktionsbezogene Kriterien betreffen die Konditionen der angestrebten Kapitalaufnahme. Mögliche Beurteilungskriterien sind beispielsweise das Gesamtvolumen, Risikoindikationen (insb. Ratingnoten), die Stückelung, die Ausgestaltung der Verzinsung und Kapitalrückzahlung sowie die für die Platzierung der Kapitalaufnahme anfallenden Kosten und die beabsichtigte Mittelverwendung. Weitere Kriterien sind die Übertragbarkeit des Finanzierungsinstruments und ausreichende Liquidität im Markt. Anhand dieser Kriterien können potentielle Investoren das Risiko-Rendite-Profil einer Anlage beurteilen.

---

[61] Vgl. *Graumann* (2008), S. 211.
[62] Vgl. *Achleitner/Kaserer/Günther/Volk* (2011), S. 61 ff.
[63] Unter Free Cash Flow wird üblicherweise der Cashflow nach Zahlungsmittelzu- und -abflüssen in das Working Capital und die Vornahme der zum Erhalt der Leistungsfähigkeit notwendigen Investitionen verstanden; vgl. *Graumann* (2008), S. 472.

2. Innere Kapitalmarktfähigkeit

a) Organisation des Unternehmens

Um den Anforderungen des Kapitalmarkts zu entsprechen, ist es erforderlich im Unternehmen die entsprechenden Voraussetzungen zu schaffen. Davon betroffen sind insbesondere die Bereiche Treasury, Rechnungslegung, Controlling, Öffentlichkeitsarbeit/Investor Relations sowie die Rechtsabteilung. Auch der Personalauswahl und dem formalen Aufbau der Organisation kommen erhöhte Bedeutung zu.[64] Beurteilungskriterien sind beispielsweise das Vorhandensein eines leistungsfähigen und erfahrenen Finanzbereichs, ein effektives Berichtswesen sowie kompetentes Personal. Handelt es sich bei dem Unternehmen zugleich um ein Konzernmutterunternehmen, ist die Ausgestaltung der rechtlichen (z.b. hinsichtlich der Durchsetzbarkeit von Entscheidungen) und finanziellen (z.b. hinsichtlich Möglichkeiten zum Cash Pooling[65], Abschirmwirkung haftungsbeschränkter Gesellschaften bei riskanten Aktivitäten) Konzernstruktur ein weiteres Beurteilungskriterium.

Eine typische Schwachstelle bei jungen und mittelständischen Unternehmen wird im Fehlen einer klar formulierten Unternehmensstrategie und daraus abgeleiteten Unternehmensplanung gesehen. Die Bedeutung einer detaillierten Unternehmensplanung mit angemessener Differenzierung der Planungspositionen (wie z.B. in fixe und variable Kostenbestandteile), die Dokumentation der Planungsprämissen und eingehende Abweichungsanalysen wird oft unterschätzt. So sind fehlende Planungskompetenz und -sicherheit Schwachstellen, die unter Umständen erhebliche Konsequenzen für das Unternehmen und seine Anteilseigner haben können, wenn sie beispielsweise im Rahmen einer Due Dilligence-Prüfung aufgedeckt werden und anschließend bei der Unternehmensbewertung durch Sicherheitsabschläge auf die geplanten Ergebnisse den Unternehmenswert mindern.[66]

Eine weitere Schwachstelle liegt in einer fehlenden Kapitalmarktreife des Managements, die die Gefahr einer Selbstüberschätzung und des sorglosen Umgangs mit Kapital birgt. Der Mittelzufluss aus einer Emission kann zu einer ungezügelten und unüberlegten Akquitionspolitik (oder besser: Wachstumshektik) verleiten, bei der möglicherweise nicht angemessene Kaufpreise gezahlt werden. Wird zum Beispiel ein zu entrichtender Kaufpreis in bar und nicht in Aktien des eigenen Unternehmens gezahlt, verfügt das Unternehmen trotz eines Börsengangs u.U. alsbald nur noch über geringe Liquiditätsreserven. Im Zusammenspiel mit fehlenden Managementressourcen zur Integration und Wertsteigerung der erworbenen Unternehmen, der Unterschätzung von Markteintrittsbarrieren

---

[64] Vgl. *Achleitner/Kaserer/Günther/Volk* (2011), S. 87.
[65] Unter Cash Pooling ist die arbeitstägliche Zusammenführung der Bestände aller erfassten Kontokorrentkonten der teilnehmenden Konzerngesellschaften auf einem oder wenigen (z.B. für verschiedene Währungen) Master-Konten (Zielkonten, Poolkonten) zu verstehen. Bei einem Cash Pool muss nur noch der Saldo der Master-Konten gedeckt oder angelegt werden; vgl. *Zantow/Dinauer* (2011), S. 506.
[66] Vgl. *Bösl* (2004), S. 53 ff.

sowie unbekannten Marktmechanismen besteht die Gefahr der Vernachlässigung des eigenen Kerngeschäfts.[67]

b) **Rechnungslegung und Transparenz**

aa) **Anforderungen der Kapitalmarktfähigkeit an Rechnungslegung und Transparenz eines Unternehmens**

Die Beurteilung, ob die Rechnungslegung und Transparenz eines Unternehmens kapitalmarktfähig sind, kann anhand verschiedener Kriterien erfolgen. An erster Stelle steht dabei, ob, in welcher Zeit und in welcher Qualität das Unternehmen die ihm obliegenden gesetzlichen Publizitätsanforderungen erfüllt. Hierzu gehören insbesondere die Rechnungslegungsvorschriften nach HGB, GmbHG und AktG[68] sowie die bei organisierten Märkten in den Statuten geforderten formalen Informationsvorschriften, deren Umfang vom jeweiligen Marktsegment abhängen und die in einmalige (Emissionsprospekt) und laufende Informationspflichten (Quartalsberichte, Jahresabschlüsse, Ad hoc-Publizität) unterschieden werden können.[69]

Neben der rechnungslegungsbezogenen Publizität hat das Vorhandensein eines Ratings und seine fortlaufende Aktualisierung besondere Bedeutung. Weitere Beurteilungskriterien sind, ob das Unternehmen über die gesetzlichen Mindestanforderungen hinaus ergänzende freiwillige Angaben zur Verfügung stellt (z.B. Analystenkonferenzen, Messeauftritte, Downloadangebot im Internet, Roadshows und Hauptversammlungen).

bb) **Problematik der Transparenz aus Sicht mittelständischer Unternehmen**

Publizität ist im Mittelstand, insbesondere bei Familienunternehmen, nach wie vor ein sensibles Thema. Verschwiegenheit wird als Schutzmechanismus für das Unternehmen und die Eigentümer(-familie) gesehen. Insbesondere die Befürchtung, Konkurrenten und Kunden könnten einen zu umfassenden Einblick in wettbewerbssensible Informationen bekommen, steht dabei im Mittelpunkt. Dies gilt in erhöhtem Maße für Unternehmen, die nur ein Produkt herstellen oder zu einem hohen Grad von wenigen Zulieferern oder Abnehmern abhängig sind. Entsprechend werden als Gegenmaßnahmen Veröffentlichungsfristen voll ausgenutzt oder durch gesellschaftsrechtliche Maßnahmen versucht, das offenzulegende Zahlenwerk zu reduzieren oder zu zergliedern und so eine externe Analyse anhand öffentlich zugänglicher Informationen zu erschweren.[70] Ein weiterer Aspekt, der negativ gesehen wird, sind die mit Rechnungslegung und Publizität verbundenen Kosten.

---

[67] Vgl. *Bösl* (2004), S. 55.
[68] Vgl. zum Umfang der Aufstellungs-, Prüfungs-, Feststellungs- und Offenlegungspflichten Anlage 4-1 für den Einzelabschluss und Anlage 4-2 für den Konzernabschluss.
[69] Vgl. *Achleitner/Kaserer/Günther/Volk* (2011), S. 93.
[70] Vgl. *Achleitner/Kaserer/Günther/Volk* (2011), S. 69 ff.

Insbesondere im Zusammenhang mit einer möglichen Umstellung der Rechnungslegung von HGB auf IFRS werden – gerade aus Sicht des Mittelstands – die oft hohen Kosten für die Umstellung und die Vorhaltung der erforderlichen Ressourcen kritisch gesehen.[71]

Soll die Unternehmensfinanzierung aber stärker auf den Kapitalmarkt ausgerichtet werden, bestimmen wieder die mit dem jeweiligen Finanzierungsinstrument verbundenen Anforderungen den Grad der Kapitalmarktfähigkeit. Hier sieht sich das Unternehmen mit den Vorschriften einzelner Marktsegmente oder den Forderungen ausländischer Kapitalgeber konfrontiert, die möglicherweise eine Rechnungslegung nach IFRS verlangen. Kommt das Unternehmen derartigen Anforderungen nicht nach, kann die angestrebte Finanzierungsquelle u.U. nicht genutzt oder nur teilweise ausgeschöpft werden.

Ob die Rechnungslegung nach IFRS im Vergleich zum HGB das bessere Modell ist, mag angesichts der ihr innewohnenden Schätzungen und Annahmen zweifelhaft sein und ist Gegenstand kontroverser Diskussionen.[72] Die hohe Komplexität und anhaltende Änderungsdynamik der IFRS entsprechen wohl kaum den Bedürfnissen des deutschen Mittelstands.[73] Andererseits ermöglicht eine international einheitliche Rechnungslegung die Vergleichbarkeit des eigenen Unternehmens mit anderen, nationalen wie internationalen Wettbewerbern, die oftmals zugleich auch Wettbewerber im Zugang zu Kapital sind. Je nach Umfang des Kapitalbedarfs, des beabsichtigten Marktzugangs und der Zielgruppe anzusprechender Investoren kann eine Rechnungslegung nach IFRS Voraussetzung für den Zugang zum Kapitalmarkt bzw. einzelnen Finanzierungsinstrumenten sein. Eine Rechnungslegung nach IFRS kann daher – zumindest für international tätige Unternehmen – bei der Beurteilung der Kapitalmarktfähigkeit von Vorteil sein. Für rein national tätige Unternehmen scheint es dagegen eher fraglich, ob eine Rechnungslegung nach IFRS einen praktischen Nutzen bietet bzw. auf andere Weise von Vorteil ist.

Im Zusammenhang mit der Transparenz des Unternehmens bei einer Finanzierung am Kapitalmarkt steht auch das Thema Rating. Diesem kommt bereits im Rahmen der Kreditvergabe durch die klassische Hausbank vor dem Hintergrund von Basel II und Basel III eine wachsende Bedeutung zu. Neben den Kosten und dem mit der erstmaligen Erstellung und fortlaufenden Aktualisierung eines Ratings verbundenen Aufwand sowie der Frage, inwieweit ein Rating dem Unternehmen bei der Finanzierung am Kapitalmarkt überhaupt von Nutzen ist, bestehen aus Sicht mittelständischer Unternehmen oftmals Vorbehalte gegen die erforderliche umfassende Offenlegung von betriebsinternen Informationen gegenüber der Ratingagentur.[74] Der Zugang zu einzelnen Marktsegmenten ist

---

[71] Vgl. *Achleitner/Kaserer/Günther/Volk* (2011), S. 71.
[72] Vgl. *Wassermann* (2011), S. 218.
[73] Vgl. zur aktuellen Diskussion beispielhaft *Küting* (2012).
[74] Vgl. *Achleitner/Kaserer/Günther/Volk* (2011), S. 82 ff.

jedoch vom Vorliegen eines Ratings abhängig, und einzelne Investorenkreise dürfen nur in geratete Produkte investieren.[75]

Andererseits war zuletzt zu beobachten, dass Unternehmen auch ungeratete Produkte – insbesondere Anleihen – erfolgreich im Markt platzieren konnten. So konnten z.B. im Jahr 2010 verschiedene mittelständische Unternehmen ungeratete Anleihen platzieren, wie z.b. der Generikahersteller Stada, der Klinikbetreiber Asklepios, und der Anlagenbauer Dürr. Neben der reinen Kostenersparnis könnte ein mögliches Motiv darin bestehen, dass damit auch eine schlechte Ratingeinstufung im Non Investment-Grade vermieden werden kann.[76] Ob Emissionen ungerateter Anleihen nach den ersten Ausfällen im aktuellen Marktumfeld noch möglich sind, erscheint jedoch zweifelhaft.

cc) Zusammenhang von Transparenz, Kapitalkosten und Unternehmenswert

Die Bedeutung der Transparenz gegenüber den Kapitalgebern erschöpft sich nicht allein im Informationsinteresse der Kapitalgeber, sondern liegt auch im Erfolgsinteresse des Unternehmens und seiner Anteilseigner. Denn durch den Abbau von Informations-Asymmetrien zwischen Unternehmen und Kapitalgebern soll zugleich eine Reduzierung des Risikoaufschlags erfolgen.[77] Dies hat nicht nur für die Höhe der Finanzierungskosten Bedeutung. Auch haben ein niedriger Fremdkapitalkostensatz und ein niedriger Risikozuschlag als Teil der sog. Weighted Average Costs of Capital (WACC) einen positiven Effekt auf den Unternehmenswert.[78]

3. Formale Kapitalmarktfähigkeit

Formale Kapitalmarktfähigkeit liegt vor, wenn die aus einem Finanzierungsinstrument resultierenden Pflichten erfüllt werden. Die hiermit verbundenen Pflichten sind insbesondere bei Anleiheemissionen von Bedeutung, wo die gesetzlichen und satzungsrechtlichen Zulassungsvoraussetzungen und Folgepflichten in der Berichterstattung erfüllt werden müssen und, ergänzend bei Aktienemissionen, das Vorliegen der erforderlichen Rechtsform. Obwohl nur die Aktienemission eine bestimmte Rechtsform erfordert, kann die Rechtsformwahl auch bei der Ansprache internationaler Investoren im Rahmen der Ausgabe von Fremdkapitalinstrumenten bedeutsam sein. Diese sind möglicherweise

---

[75] Dabei ist zwischen einem Rating des Unternehmens und einem Rating des Finanzierungsinstruments zu unterscheiden.
[76] Vgl. *FTD* (2010); *Kuhn* (2010).
[77] Vgl. *Wassermann* (2011), S. 235.
[78] Vgl. zur Bedeutung der WACC bei der Unternehmensbewertung, insbesondere im Rahmen der Discounted Cashflow Methode, z.B. *Graumann* (2008), S. 639 ff.

nicht mit den Besonderheiten deutscher Rechtsformen vertraut und könnten ihnen unbekannten Rechtsformen zurückhaltend gegenüberstehen.[79]

III. Prüfung der Kapitalmarktfähigkeit

Die Prüfung der Kapitalmarktfähigkeit des Unternehmens muss anhand der mit dem jeweiligen Finanzierungsinstrument verbundenen Anforderungen sowie Vor- und Nachteile erfolgen. Hierbei muss analysiert werden, welche Voraussetzungen das Unternehmen bereits erfüllt und in welchen Bereichen noch Verbesserungsbedarf besteht. Die Analyse gibt Aufschluss über noch erforderliche Maßnahmen und ermöglicht dadurch eine genauere Einschätzung der benötigten Vorbereitungszeit.[80] Anlage 5 enthält eine Zusammenstellung von Kriterien zur Beurteilung der Kapitalmarktfähigkeit.

IV. Entscheidungsprozess zur Nutzung des Kapitalmarkts

Auf den Entscheidungsprozess zur Nutzung einer Kapitalmarktfinanzierung wirken verschiedene Einflussfaktoren ein. Am Ausgangspunkt stehen die aktuelle Finanzierungsstruktur des Unternehmens und der im Rahmen der strategischen Unternehmensplanung ermittelte langfristige Finanzierungsbedarf. Ist dieser bekannt, kann – unter Berücksichtigung der übergeordneten Unternehmensziele – die aktuelle mit der zukünftig angestrebten Finanzierungsstruktur abgeglichen werden. Hierauf aufbauend können dann die in Betracht kommenden Finanzierungsinstrumente ausgewählt und einer näheren Analyse unterzogen werden. Dabei werden die Vor- und Nachteile der einzelnen Instrumente untersucht und mit dem Ist- und Soll-Zustand des Unternehmens abgeglichen.

Anhand dieser Entscheidungsgrundlagen müssen die Unternehmensleitung und die Eigentümer entscheiden, ob sie eine Kapitalmarktfinanzierung in Anspruch nehmen wollen oder einen anderen Lösungsweg zur Deckung des Finanzbedarfs präferieren. Soweit Präferenzen der Entscheidungsträger bereits im Vorfeld bekannt sind, sollten diese in der Ausarbeitung der Planungen mit berücksichtigt werden. Hierbei spielen eigene Erfahrungen der Beteiligten, Referenzen und Beispiele anderer Unternehmen und die Zusammensetzung der Organe des Unternehmens (wie z.B. Geschäftsleitung, Aufsichts- oder Beirat, Gesellschafterstruktur, Gesellschafterausschuss sowie Pool- und Stimmrechtsvereinbarungen) eine bedeutende Rolle.[81] Begleitend zum Entscheidungsprozess werden daher Sondierungs- und Abstimmungsgespräche erforderlich sein. Je komplexer der Planungsprozess und je

---

[79] Vgl. *Achleitner/Kaserer/Günther/Volk* (2011), S. 88.
[80] Vgl. *Achleitner/Kaserer/Günther/Volk* (2011), S. 92.
[81] Vgl. *Achleitner/Kaserer/Günther/Volk* (2011), S. 95.

umfangreicher der Bedarf an benötigten Informationen ist, umso mehr empfiehlt sich die Hinzuziehung externer Berater, die aufgrund ihrer Spezialisierung und ihres Wissens die Belastung der Unternehmensleitung und der Eigentümer im Entscheidungsprozess reduzieren können.

E. Darstellung ausgewählter Finanzierungsinstrumente

I. Überblick

Die folgende Abbildung gibt einen Überblick über die gängigen kapitalmarktorientierten Instrumente der langfristigen Finanzierung mittelständischer Unternehmen. Eine umfassende Übersicht über die wesentlichen Kriterien, Vor- und Nachteile sowie die Eignung der Instrumente gibt Anlage 6. Nachfolgend sollen mit der klassischen Aktienemission, den in den letzten Jahren neu aufgekommenen Mittelstandsanleihen, dem Schuldscheindarlehen sowie dem Mezzaninekapital vier Finanzierungsformen mit ausgeprägter Kapitalmarktorientierung ausführlicher betrachtet werden.

Langfristige kapitalmarktorientierte Finanzierungsinstrumente	
Eigenkapitalinstrumente	**Hybride Finanzierungsinst. (Mezzanine)**
Aktien	Stille Beteiligungen
Kapitalorientiertes Private Equity	Genußschein
Fremdkapitalinstrumente	Wandel-/Optionsanleihe
Klassischer und nachrangiger Kredit	Kreditorientiertes Private Equity
Konsortial-/Syndizierter Kredit	**Bilanzentlastende Instrumente**
Schuldschein	Factoring
Anleihe	Leasing
Private Debt	

Abbildung 13: Überblick über kapitalmarktorientierte Instrumente der langfristigen Unternehmensfinanzierung[82]

II. Aktienemission / Börsengang

1. Einleitung

Die Aktienemission, also der Gang des Unternehmens an die Börse (Going Public bzw. IPO – Initial Public Offering), gilt wegen der hohen Anforderungen und weitreichenden Auswirkungen für das Unternehmen und seine Eigentümer als die "Königsdisziplin" der Eigenkapitalaufnahme.[83] Mit der Einführung des Entry Standard an der Frankfurter Wertpapierbörse und m:access an der Bayerischen Börse München wurden speziell auf die Börsennotierung von kleinen und mittelständischen Unternehmen ausgerichtete Marktsegmente eingerichtet.[84]

---

[82] Eigene Darstellung.
[83] Vgl. *Bösl* (2004), S. 11; *von Rosen* (2007), S. 13.
[84] Vgl. *Bayerische Börse* (2011), S. 11; *Deutsche Börse* (2011a), S. 5.

2. Argumente für und gegen einen Börsengang

Bei den Überlegungen, ob sich ein Unternehmen für oder gegen einen Börsengang entscheiden soll, müssen sich Unternehmensleitung und Eigentümer über die damit verbundenen Auswirkungen bewusst sein und die positiven und negativen Effekte gegeneinander abwiegen. Über die Motive für einen Börsengang existieren unterschiedliche Studien, deren Ergebnisse teilweise deutlich variieren. Im Hinblick auf die unterschiedlichen gestellten Fragen und Adressatenkreise, die teilweise sehr geringen Rücklaufquoten sowie das Alter des Datenmaterials wird auf eine Wiedergabe der Ergebnisse verzichtet.[85] Stattdessen werden die untersuchten Motive und daraus abgeleiteten Argumente vor dem Hintergrund der oben in Abschnitt C.IV. festgestellten Veränderungen im Finanzierungsbedarf mittelständischer Unternehmen im Folgenden kurz erläutert.

a) Argumente für einen Börsengang

Die Argumente für einen Börsengang lassen sich in unternehmensbezogene und eigentümerbezogene Argumente unterscheiden. Zu den unternehmensbezogenen Argumenten gehören insbesondere die finanzielle Absicherung des internen und externen Wachstums und damit verbunden der Wettbewerbsposition, die Schaffung der Möglichkeit zur Aufnahme von Fremdkapital durch Stärkung der Eigenkapitalbasis, eine Diversifizierung der Finanzierungsquellen sowie die Stärkung der finanziellen Widerstandsfähigkeit des Unternehmens durch Reduzierung der Abhängigkeit von einzelnen Fremdkapitalgebern und Reduzierung der fixen Auszahlungen für Zins und Tilgung.

Aus Sicht der Eigentümer können die Argumente in einer möglichen Lösung der Unternehmensnachfolge, einer leichteren Aufteilbarkeit und höheren Fungibilität der in Aktien verbrieften Unternehmensanteile, einer Diversifikation des Vermögens und der Neustrukturierung des Gesellschafterkreises, beispielsweise durch Aufnahme strategischer Partner oder von Finanzinvestoren, bestehen.

b) Argumente gegen einen Börsengang

Die möglichen Argumente gegen einen Börsengang sind vielschichtig[86] und dürften in Abhängigkeit von der individuellen Unternehmenssituation unterschiedlich ausfallen.

Ein Börsengang erscheint aufgrund der damit verbundenen hohen Kosten grundsätzlich nicht sinnvoll, wenn dem Unternehmen ausreichend andere Finanzierungsquellen zu attraktiven Konditio-

---

[85] Zu den unterschiedlichen Studien und den gestellten Fragen vgl. *Bösl* (2004), S. 17 f. und *von Rosen* (2007), S. 19 ff. Die dort betrachteten Studien stammen aus den Jahren 1996, 2001, 2003 und 2007. Die Adressatenkreise der befragten Unternehmen waren teilweise bereits börsennotierte Unternehmen, teilweise nicht börsennotierte Unternehmen. Die Rücklaufquote der Studie des Deutschen Aktieninstituts aus dem Jahr 2007 beträgt z.B. lediglich 5% (vgl. *von Rosen* (2007), S. 16).

[86] Vgl. *von Rosen* (2007), S. 22.

nen zur Verfügung stehen. Ob dies zutrifft, ist je nach Einzelfall vom erwarteten zukünftigen Kapitalbedarf, der Eigenkapitalausstattung und den Erwartungen der Eigentümer abhängig.[87]

Mit einem Börsengang unmittelbar verbunden sind die Mitspracherechte fremder Kapitalgeber in der Unternehmensleitung. Sowohl Unternehmensleitung als auch Eigentümer stehen hier vor der Frage, ob sie diese in Kauf nehmen oder, sofern ihnen dies finanziell möglich ist, dem Unternehmen die erforderlichen finanziellen Mittel selbst zur Verfügung stellen. Gerade bei in Familienbesitz stehenden Unternehmen, an denen eine Vielzahl von Familienmitgliedern möglicherweise ein rein finanzielles Interesse an ihrer Beteiligung hat, dürfte eine ausschließlich von den Familienmitgliedern zu tragende Kapitalerhöhung mit nicht zu unterschätzenden Schwierigkeiten hinsichtlich der Bereitschaft und Fähigkeit zur Kapitalaufbringung sowie möglichen Veränderungen in den Stimmrechtsverhältnissen bei einer disquotalen Kapitalerhöhung verbunden sein. Auch ist zu bedenken, inwieweit sich die Unternehmensleitung bei ihren Entscheidungen von einer vermeintlichen Erwartungshaltung seitens des Kapitalmarkts beeinflussen lässt.

Auf der anderen Seite stehen die Interessen des Unternehmens, für das die Kapitalerhöhung den Erhalt bzw. die Erweiterung seines unternehmerischen Handlungsspielraums und daraus abgeleitet seiner Ausschüttungsfähigkeit bedeutet, was die Unternehmenseigner wiederum im Rahmen ihrer eigenen Einschätzung des Verhältnisses von Risiko und Rendite ihrer Beteiligung abwägen müssen.

Ein weiteres Argument gegen einen Börsengang kann möglicherweise in der Größe des Unternehmens gesehen werden. Größe kann sich hierbei auf den Umsatz, den Gewinn oder die Beschäftigtenzahl, das angestrebte Emissionsvolumen oder auf das Verhältnis der erwarteten Emissions- und Folgekosten im Verhältnis zur Unternehmensgröße bzw. zum Emissionsvolumen beziehen. Diesem Argument ist allerdings entgegenzusetzen, dass durch die Etablierung der oben erwähnten Mittelstandssegmente wie z.B. Entry Standard und m:access gerade für kleinere Emissionsvolumen Handelsplätze mit vertretbaren regulatorischen Anforderungen geschaffen wurden. Damit soll Emittenten aus dem Bereich der kleinen und mittelständischen Unternehmen mit geringen Emissionsvolumen die Möglichkeit zum Börsengang erleichtert werden.[88] Auch besteht offenbar kein empirisch nachweisbarer Zusammenhang zwischen Unternehmensgröße und Kapitalmarktorientierung.[89] Zudem verhält sich das Argument der fehlenden Unternehmensgröße diametral zu dem Zweck einer externen Eigenkapitalzufuhr, nämlich der Ermöglichung weiteren Unternehmenswachstums und notwendiger Investitionen.

---

[88] Vgl. *von Rosen* (2007), S. 23.
[89] Vgl. *von Rosen* (2007), S. 25.

3. Aktienarten und Einflusssicherung

Aktien können nach unterschiedlichen Kriterien eingeteilt werden. Bereits bei Gründung der Aktiengesellschaft, spätestens aber bei Vorbereitung auf einen Börsengang sollten Unternehmensleitung und Eigentümer das Aktienkapital entsprechend ihrer eigenen Vorstellungen, insbesondere im Hinblick auf die gewünschte Sicherung des bisherigen Einflusses, ausgestalten.

a) Nennbetrags- und Stückaktien

Nach der Zerlegung des Grundkapitals lassen sich Nennbetrags- und Stückaktien unterscheiden. Nennbetragsaktien lauten auf einen in Geld ausgedrückten Nennbetrag, der mindestens einen Euro betragen muss; höhere Aktienbeträge müssen glatt durch volle Euro teilbar sein (§ 8 Abs. 2 AktG). Die Summe der Nennbeträge aller Aktien ergibt das Grundkapital (Gezeichnetes Kapital) der Aktiengesellschaft. Stückaktien lauten nicht auf einen bestimmten Nennwert, sondern der auf die einzelne Stückaktie entfallende Anteil am Grundkapital ergibt sich durch Division des Grundkapitals durch die Anzahl der ausgegebenen Aktien, wobei der auf die einzelne Aktie entfallende Anteil 1 EUR nicht unterschreiten darf (§ 8 Abs. 3 und 4 AktG). Seit ihrer Einführung ist die Stückaktie die vorherrschende Aktienform bei Neuemissionen.[90]

b) Inhaber- und Namensaktien

Hinsichtlich der Übertragbarkeit werden Inhaber- und Namensaktien unterschieden. Inhaberaktien werden als Wertpapiere durch Einigung und Übergabe übertragen, ohne dass dadurch die Aktiengesellschaft tangiert wird.[91] Dagegen können bei Namensaktien die Rechte aus der Aktie nur durch diejenige Person geltend gemacht werden, die im Aktienregister als Aktionär eingetragen ist. Aktionäre, die anonym bleiben möchten, können stattdessen ihre Depotbank eintragen lassen (§ 67 Abs. 4 Satz 5 AktG). Um die Fungibilität von Namensaktien sicherzustellen, werden elektronische Aktienregister geführt. Dies ermöglicht dem Unternehmen jederzeit eine Übersicht über die Zusammensetzung seiner Aktionärsstruktur und gezielte Ansprache der Investoren.[92]

Ist die Übertragung von Namensaktien von der Zustimmung des Vorstands oder der Hauptversammlung abhängig, handelt es sich um vinkulierte Namensaktien (§ 68 Abs. 2 AktG). Sofern die Satzung der Gesellschaft keine konkreten Vorgaben enthält, steht dem für die Zustimmung zur Übertragung zuständigen Organ (in der Regel der Vorstand) bei seiner Entscheidung ein relativ weiter Ermessensspielraum zu, bei dem nur die Interessen der Gesellschaft und der bisherigen Aktionäre, nicht aber

---

[90] Vgl. *Habersack/Mülbert/Schlitt* (2008), S. 77.
[91] Vgl. *Däumler/Grabe* (2008), S. 88.
[92] Vgl. *Bösl* (2004), S. 73 f.; *Däumler/Grabe* (2008), S. 88.

die Interessen der Erwerbers zu beachten sind. Durch Verweigerung der Zustimmung zur Übertragung der Aktien kann eine Überfremdung oder feindliche Übernahme der Gesellschaft vermieden werden. Dem steht allerdings der Nachteil einer eingeschränkten Fungibilität und Liquidität der vinkulierten Namensaktie gegenüber.[93]

c) Stamm- und Vorzugsaktien

Stammaktien sind Aktien, die mit sämtlichen im Aktiengesetz für den Normalfall vorgesehenen Rechten ausgestattet sind. Hierzu zählen insbesondere das Stimm- und das Dividendenrecht. Daneben besteht aber auch die Möglichkeit, Aktien mit besonderen Rechten (Vorzugsaktien) auszugeben. Hierbei handelt es sich um Aktien, die ein Vorrecht bei der Verteilung des Bilanzgewinns verkörpern und denen dafür im Gegenzug das Stimmrecht fehlt. Aus Sicht der Gesellschaft und ihrer Altaktionäre können stimmrechtslose Vorzugsaktien dazu eingesetzt werden, die Mehrheitsverhältnisse in der Hauptversammlung zu erhalten. Vorzugsaktien ermöglichen also eine Kapitalaufnahme ohne Ausgabe neuer Stimmrechte. Nachteile an Vorzugsaktien sind die mangelnde Akzeptanz bei ausländischen Investoren, entsprechende Kursabschläge aufgrund des fehlenden Stimmrechts (was die Kapitalbeschaffung erschwert) sowie die Beschränkung, dass der Anteil der stimmrechtslosen Vorzugsaktien den Gesamtnennbetrag der stimmberechtigten Aktien nicht übersteigen darf (§§ 12 Abs. 1, 139 f. AktG).[94]

d) Kommanditgesellschaft auf Aktien

Die Sicherung des Einflusses der bisherigen Eigentümer kann auch durch die Wahl der Rechtsform einer Kommanditgesellschaft auf Aktien erfolgen. Die KGaA ist eine hybride Rechtsform, die die Elemente einer Kommandit- und Aktiengesellschaft in sich vereint. Dabei ist die Rolle der Kommanditaktionäre im Wesentlichen auf die eines Kapitalgebers beschränkt, während die Komplementäre – ähnlich wie bei der Kommanditgesellschaft – umfassende Rechte bei der Geschäftsführung innehaben. Durch die umfassenden Gestaltungsmöglichkeiten im Gesellschaftsvertrag der KGaA kann somit auch bei der Ausgabe von Aktien an ein breites Publikum der Einfluss der bisherigen Eigentümer erhalten und die KGaA gegen unerwünschte Überfremdung geschützt werden. Dem steht als Nachteil allerdings die hohe Komplexität dieser Rechtsform ebenso gegenüber wie ihre fehlende Bekanntheit im Ausland.[95] Dies könnte ausländische Investoren von einem Investment möglicherweise abhalten, sofern das Unternehmen nicht über eine ausreichende Größe und internationale Bekanntheit verfügt. Einen vertiefenden Überblick über Aufbau und Funktion einer KGaA gibt der Exkurs in Anlage 7.

---

[93] Vgl. *Bröcker/Weisner* (2003), S.74; *Däumler/Grabe* (2008), S. 88.
[94] Vgl. *Bröcker/Weisner* (2003), S.74 f.; *Habersack/Mülbert/Schlitt* (2008), S. 78.
[95] Vgl. *Bosse/Windhagen* (2011), S. 9.

e) Weitere Möglichkeiten zur Einflusssicherung

Weitere Möglichkeiten zur Einflusssicherung der Alteigentümer nach einem Börsengang sind der Abschluss eines Poolvertrags sowie die Festlegung von erhöhten Mehrheitserfordernissen in der Satzung des Unternehmens.

aa) Poolvertrag (Stimmrechtsbindungsvertrag)

Bei einem Poolvertrag handelt es sich um einen schuldrechtlichen Vertrag auf Ebene der Alteigentümer, in dem sich diese verpflichten, ihre Stimmrechte in der Hauptversammlung einheitlich auszuüben. Üblicherweise sind auch Halteverpflichtungen und gegenseitige Vorkaufsrechte für die dem Poolvertrag unterliegenden Aktien vorgesehen.[96]

bb) Erhöhung von Mehrheitserfordernissen

§ 133 Abs. 1 AktG ermöglicht es, dass abweichend vom Grundsatz der einfachen Stimmenmehrheit (Mehrheit der in der Hauptversammlung abgegebenen Stimmen) in der Satzung der Aktiengesellschaft für bestimmte Beschlüsse größere Mehrheiten oder weitere Erfordernisse erforderlich sind. Hierzu zählen insbesondere der Abschluss von Unternehmensverträgen und die Veräußerung von Konzerntöchtern, beispielsweise zur Beseitigung kartellrechtlicher Hindernisse durch einen Unternehmenserwerber. Solche Regelungen ermöglichen den Altaktionären, sich mit Beteiligungen von beispielsweise nur 25% der Stimmrechte[97] für nahezu alle Beschlüsse in der Hauptversammlung ein Vetorecht zu sichern. Problematisch bei solchen Regelungen ist allerdings, dass sie auch für die Alteigentümer selber gelten und so deren eigene Gestaltungsmöglichkeiten in der Aktiengesellschaft ungewollt beeinträchtigen können.[98]

4. Vorbereitung des Unternehmens auf einen Börsengang

Ein erfolgreicher Börsengang erfordert eine umfassende Vorbereitung des Unternehmens. Ein Börsengang setzt zunächst die Herstellung der Kapitalmarktreife voraus, die bereits vorstehend in Kapitel D. ausführlich beschrieben wurde.[99]

Für eine Börsennotierung ist die Rechtsform der Aktiengesellschaft (AG), Societas Europaea (SE) oder einer Kommanditgesellschaft auf Aktien (KGaA) zwingend. Ist das Unternehmen in einer anderen Rechtsform organisiert, ist ein entsprechender Formwechsel erforderlich. Für den Formwechsel

---

[96] Vgl. *Bösl* (2004), S. 76.
[97] Bei Ausgabe stimmrechtsloser Vorzugsaktien in maximal zulässiger Höhe mit nur 12,5% des Kapitals.
[98] Vgl. *Bröcker/Weisner* (2003), S.80 f.
[99] Zusammengestellt aus *Habersack/Mülbert/Schlitt* (2008), S. 73 ff.

gelten die Vorschriften des Umwandlungsgesetzes, des Umwandlungssteuergesetzes und des Umwandlungssteuererlasses.

Eine zentrale Gestaltungsmöglichkeit ist die Ausgestaltung der Satzung. Besondere Bedeutung haben hier eine ausreichend umfassende Formulierung des Unternehmensgegenstandes, abweichende Regelungen von Stimmrechten und Gewinnverteilung (insbesondere bei der Ausgabe von stimmrechtslosen Vorzugsaktien) und die Ermächtigung der Gesellschaft zur Ernennung von Stimmrechtsvertretern sowie elektronische Vereinfachungen im Rahmen der Einladung zur und Durchführung der Hauptversammlung. In den letzten Jahren zunehmend in den Fokus gerückt ist auch die Ermächtigung des Leiters der Hauptversammlung durch die Satzung, dass Frage- und Rederecht der Aktionäre zeitlich angemessen zu beschränken.[100]

Ferner ist über die personelle Besetzung der Leitungsorgane zu beschließen. Dies betrifft im Wesentlichen die Zahl der Aufsichtsratsmitglieder, die Dauer ihrer Bestellung, ihren fachlichen Hintergrund sowie die Höhe und strukturelle Zusammensetzung der Aufsichtsratsvergütung. Bei der Vorstandsbesetzung ist neben einer hohen fachlichen Qualifikation insbesondere auf die Integrität und Kommunikationsfähigkeit der Vorstandsmitglieder Wert zu legen. Zu beachten ist ferner, dass bei börsennotierten Unternehmen Alleinvorstände vom Kapitalmarkt nicht akzeptiert werden.[101]

5. Vorbereitung und Durchführung eines Börsengangs

a) Überblick

Für die Vorbereitung und Durchführung eines erfolgreichen Börsengangs gibt es kein einheitlich definierbares Standardkonzept. Die Komplexität eines Börsengangs erfordert Know how, welches mittelständische Unternehmen aus Kostengründen oft nicht vorhalten können. Darüber hinaus ist zu bedenken, dass bei einem missglückten Börsengang die Reputation des Unternehmens negativ belastet wird. Für einen reibungslosen Ablauf bietet sich daher die Beauftragung eines erfahrenen IPO-Beraters an.[102]

---

[100] Vgl. *Bösl* (2004), S. 42 ff.
[101] Vgl. *Bösl* (2004), S. 42 ff.
[102] Vgl. *Bösl* (2004), S. 27 f.

Projektbeginn
Strukturierungsphase
Internes Kick Off-Meeting; Vergabe Projektmanagement
Rechtsformwahl; ggf. Umstrukturierung (einschl. erforderlicher HV)
Prüfung der Börsenreife
Ggf. Umstellung des Rechnungswesens auf IFRS
Erste Vorbereitungen für Prospekterstellung und Due Dilligence-Prüfung
Entwicklung Equity Story und Emissionskonzept
Umsetzungsphase
Auswahl Kommunikationsagentur
Erstellung Banken-Factbook / Research Reports
Auswahl und Einladung Banken
Managementpräsentation vor den Banken
Beauty Contest Banken und Verhandlung Emissionsvertrag
Ggf. Ausarbeitung Mitarbeiter-Beteiligungsprogramm
Auswahl Due Dilligence-Prüfer
Durchführung Due Dilligence
Mitarbeiter-Informationsveranstaltung (vormittags)
Pressemitteilung "Intention to float" (nachmittags)
Platzierungsphase
Abschluss Übernahme- und Konsortialvertrag
Erstellung Verkaufsprospekt, Einreichung zur BaFin
Analystenmeeting (einschl. Dry Run)
Zulassungsantrag
Road Show; Veröffentlichung Verkaufsangebot; IPO-Pressekonferenz
Bookbuilding
Preisfestlegung und Aktienzuteilung
Ggf. Anmeldung und Durchführung der Kapitalerhöhung
Ad Hoc-Meldung über den endgültigen Emissionspreis
Börsenzulassung
Notierungsaufnahme
Nutzungsphase
Folgepflichten beachten (Being Public)
Finanzierung strategisch nutzen
Kommunikation umsetzen; Investor Relations etablieren

Abbildung 14: Überblick Ablauf Börsengang[103]

Für die Unternehmensleitung und die an dem Projekt beteiligten Spezialisten aus den verschiedenen Fachbereichen des Unternehmens und seine Berater ist der Börsengang in allen Projektphasen mit einem nicht zu unterschätzenden Zeitaufwand verbunden.[104]

---

[103] Nach *Bösl* (2004), S. 30, mit Ergänzungen aus *Habersack/Mülbert/Schlitt* (2008), S. 129; und *Achleitner/Kaserer/Günther/Volk* (2011), S. 112.
[104] Vgl. *Bösl* (2004), S. 28.

b) Emissionskonzept

Mit dem Emissionskonzept wird die geplante Grundstruktur des Börsengangs anhand der individuellen Bedürfnisse und Eigenschaften des Unternehmens festgelegt. Ziel sollte es sein, dem Unternehmen ein klares Profil zu geben. Wesentliche Bestandteile des Emissionskonzeptes und damit Erfolgsfaktoren für den Börsengang sind insbesondere:[105]

- Zeitplanung für den Ablauf der Emission,
- Festlegung des als optimal erachteten Emissionszeitpunktes,
- Festlegung der Emissionsform,
- Kapitalmarktpositionierung des Unternehmens durch Entwicklung einer Equity Story und deren Umsetzung im Rahmen einer begleitenden gezielten Investor Relations-Arbeit,
- Auswahl der begleitenden Banken und Kapitalmarktpartner,
- Platzierungsform (Öffentliches Angebot oder Privatplatzierung),
- Auswahl des Marktsegments und des Börsenplatzes,
- Emissionsstruktur:
    - Herkunft der Aktien: Junge Aktien aus Kapitalerhöhung; Abgabe aus Bestand der Alteigentümer,
    - Verteilung der Aktien: Aufteilung des Emissionsvolumens auf private und institutionelle Investoren; Größe des angestrebten Streubesitzes [für evtl. angestrebte Indexzugehörigkeit bedeutsam], und
- Marktschutzvereinbarungen (Mindesthalteverpflichtungen der Alteigentümer).

c) Marktsegmente und ihre Zulassungsvoraussetzungen und Folgepflichten

In Deutschland ist zwischen zwei Arten von Börsensegmenten zu unterscheiden, für die unterschiedliche Voraussetzungen und Folgepflichten gelten. Einerseits die von der EU regulierten Märkte (Regulierter Markt bzw. Amtlicher Handel) und andererseits die börsenregulierten Märkte (Unregulierter Markt bzw. Freiverkehr).

Amtliche Märkte sind Märkte mit hohen Zulassungsvoraussetzungen und Folgepflichten, die primär für große und sehr große kapitalmarktorientierte Unternehmen in Frage kommen. Für mittelständische Unternehmen, die den Gang an die Börse durch Ausgabe von Aktien suchen, bietet sich aufgrund der deutlich geringeren Anforderungen die Notierungsaufnahme innerhalb des Freiverkehrs an. Für Unternehmen, die sich innerhalb der Freiverkehrssegmente besser hervorheben möchten, empfiehlt es sich, die Aufnahme in die Teilsegmente Entry Standard (FWB) oder m:access

---

[105] Vgl. *Bösl* (2004), S. 57 ff.; *Habersack/Mülbert/Schlitt* (2008), S. 82 ff.

(BBM) anzustreben. Der Beginn einer Börsennotierung im Freiverkehr kann dem Unternehmen auch als Einstieg für eine spätere Notierung in einem amtlichen Markt dienen.

Wesentliche Vorteile einer Notierungsaufnahme im Freiverkehr sind aus Sicht eines mittelständischen Unternehmens insbesondere die niedrigeren Eintrittsbarrieren, die eine schnelle Notierungsaufnahme ermöglichen. Hierzu gehören beispielsweise, dass ein Konzernabschluss nicht zwingend nach IFRS aufgestellt werden muss, die fehlende Ad hoc-Publizitätspflicht sowie die Nichtanwendung der Meldeschwellenregelung des § 21 Abs. 1 Satz 1 WpHG und des Erfordernisses eines Übernahmeangebotes bei Kontrollerwerb nach § 29 WpÜG.[106] Je nach den Geschäftsbedingungen der Börse kann die Zulassung zur Notierungsaufnahme u.U. auch erfolgen, ohne dass ein Wertpapierprospekt i.S.v. § 3 WpPG veröffentlicht werden muss.[107] Grund hierfür ist, dass Freiverkehrsmärkte als nicht regulierte Märkte gelten und somit keine Börsennotierung i.S.v. § 3 Abs. 2 AktG besteht. Die Vorschriften zur Insiderüberwachung (§§ 12 ff. WpHG) und zum Verbot des Marktmissbrauchs (§ 20a WpHG) sowie die Veröffentlichungspflichten nach dem Aktiengesetz (z.B. §§ 20, 21 AktG) sind dagegen zu beachten.

Nachteile einer Notierung im Freiverkehr sind die geringere Bekanntheit im Vergleich zu den regulierten Märkten sowie das erhöhte Risiko für Anleger aufgrund der geringeren Zulassungsvoraussetzungen und Folgepflichten. Sowohl Entry Standard als auch m:access richten sich daher vorwiegend an qualifizierte (professionelle) Anleger im Sinne von § 2 Abs. 6 WpPG.[108]

Einen Überblick über die wesentlichen Zulassungsvoraussetzungen und Folgepflichten für die Marktsegmente Entry Standard und m:access gibt Anlage 8.

d) Kapitalmarktpartner und deren Auswahl

Während der Vorbereitung und Durchführung des Börsengangs empfiehlt sich die Beauftragung spezialisierter externer Dienstleister. Hierbei handelt es sich insb. um Finanzberater, Banken, Rechtsanwälte, Wirtschaftsprüfer, Steuerberater, PR-Agenturen und Ratingagenturen (zusammen Kapitalmarktpartner).

---

[106] Freiverkehr gilt nicht als organisierter Markt, § 2 Abs. 5 WpHG, daher liegt keine Kapitalmarktorientierung i.S.v. § 264d HGB vor.
[107] Für den Entry Standard der FWB ist ein Wertpapierprospekt keine Zulassungsvoraussetzung, vgl. *Deutsche Börse* (2011b), §§ 13 Abs. 1, 16 Abs. 3 der AGB zum Freiverkehr an der FWB; dagegen für m:access Prospektpflicht, vgl. *Bayerische Börse* (2012), § 5 Abs. 3 Regelwerk m:access.
[108] Vgl. z.B. *Deutsche Börse* (2011a), S. 8.

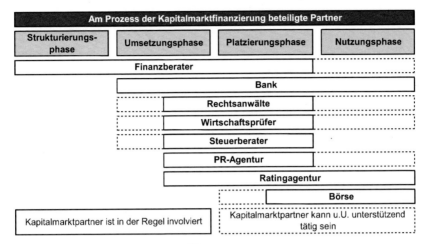

Abbildung 15: Einsatz von Kapitalmarktpartnern[109]

Finanzberater unterstützen das Unternehmen über die gesamte Phase des Börsengangs. Sie beraten das Unternehmen bei der Ausgestaltung der optimalen Finanzierungsstruktur, der Auswahl der geeigneten Finanzierungsinstrumente, strukturieren den Ablauf der Transaktion und übernehmen die Koordination der einzelnen Partner untereinander. Gerade mittelständischen Unternehmen bieten Finanzberater die Möglichkeit, den gesamten Prozess des Börsengangs auszulagern und so die zusätzlichen Arbeitsbelastungen im Unternehmen möglichst gering zu halten. Die Beauftragung professioneller Finanzberater wird oftmals auch seitens der Banken gefordert, insbesondere wenn ein Unternehmen erstmalig eine Finanzierung am Kapitalmarkt platziert und mit den einzelnen Schritten und Usancen einer solchen Transaktion nicht vertraut ist.[110]

Der begleitenden Bank kommt im Rahmen eines Börsengangs eine tragende Rolle zu. Da an einem Börsengang im Regelfall mehrere Banken in einem Konsortium zusammenarbeiten, sollte deren Auswahl im Vorfeld bereits die unterschiedlichen Produktportfolien und Kundenkreise der Banken berücksichtigen. Ziel sollte es sein, dass die einzelnen Stärken der am Konsortium beteiligten Banken für die Vorbereitung und Platzierung der Emission bei den geplanten potentiellen Investoren optimal ausgenutzt werden können.[111]

Für die Finanzkommunikation empfiehlt sich die Beauftragung einer finanzmarktaffinen Public Relations-Agentur, die idealerweise bereits einschlägige Referenzen nachweisen kann. Ihr obliegt die Entwicklung der Equity Story, die Ansprache einzelner Interessentengruppen sowie die Auswahl der geeigneten Kommunikationsmittel und deren Umsetzung. Für die Phase nach der Notierungsauf-

---

[109] Quelle: *Achleitner/Kaserer/Günther/Volk* (2011), S. 141, mit geringfügigen eigenen Änderungen.
[110] Vgl. *Achleitner/Kaserer/Günther/Volk* (2011), S. 143.
[111] Vgl. *Achleitner/Kaserer/Günther/Volk* (2011), S. 141 f.

nahme sollte das Unternehmen allerdings überlegen, ob es für seine laufenden Investor Relations eigenes Personal einstellt, da dies ständig verfügbar und möglicherweise auch günstiger ist als die fortlaufende Beauftragung externer Investor Relations-Manager. Die Bedeutung einer attraktiven Equity Story für den Erfolg des Börsengangs sollte nicht unterschätzt werden.[112]

e) Bestimmung von Unternehmenswert und Emissionskurs

Die Bestimmung des Unternehmenswerts und die Ermittlung des Emissionskurses erfolgen in mehreren Schritten. Zunächst wird eine Due Dilligence-Prüfung durchgeführt. Im Rahmen der Due Dilligence-Prüfung sollen alle wesentlichen wirtschaftlichen, rechtlichen, steuerlichen, technischen sowie finanziellen Risiken, Stärken und Schwächen des Unternehmens verifiziert werden.[113, 114]

Unter Berücksichtigung der in der Due Dilligence gewonnenen Erkenntnisse wird anschließend der Wert des Gesamtunternehmens ermittelt. Dies geschieht mittels einer Unternehmensbewertung. Für die Unternehmensbewertung anlässlich eines Börsengangs ist die Anwendung eines bestimmten Verfahrens nicht gesetzlich vorgegeben. Allerdings erfolgt die Unternehmensbewertung im Regelfall durch einen Wirtschaftsprüfer als unabhängigen Sachverständigen, der hier seinen berufsständischen Vorgaben unterliegt.[115] Dabei dürften in der Praxis dynamische Bewertungsverfahren, und hier insbesondere die Discounted Cash Flow-Methode, überwiegen. Die Wertfindung bei einer Unternehmensbewertung bewegt sich im Spannungsfeld zwischen den Alteigentümern, dem Unternehmen und den zukünftigen Aktionären. Die Alteigentümer sind an einer möglichst hohen Bewertung interessiert, die zukünftigen Aktionäre an einer eher niedrigen Bewertung, die ihnen zukünftige Kurszuwächse erleichtert. Das Unternehmen ist im Regelfall an einem möglichst hohen Kapitalzufluss im Rahmen der angestrebten Emission interessiert, was einen attraktiven Emissionskurs bedingt.

Aufbauend auf dem durch die Unternehmensbewertung ermittelten Eigenkapitalwert wird üblicherweise in Zusammenarbeit mit den begleiteten Banken eine Preisspanne festgelegt. Innerhalb dieser Preisspanne geben die potentiellen Investoren ihre Angebote zum Erwerb (Zeichnung) der Aktien ab. Unter Berücksichtigung der nachgefragten Mengen und gebotenen Preise wird dann der endgültige Emissionspreis festgelegt und veröffentlicht (Bookbuilding-Verfahren).

f) Durchführung des Börsengangs

Wesentliche Schritte bei der Durchführung des Börsengangs sind die Platzierung der Aktien bei den Investoren und das Börsenzulassungsverfahren.

---

[112] Vgl. *Bösl* (2004), S. 61 ff.
[113] Vgl. *Bösl* (2004), S. 133.
[114] Eine ausführliche Checkliste zur Due Dilligence enthält *Scott* (2002), S. 185 ff.
[115] Vgl. *Bösl* (2004), S. 149 ff.; *Ernst/Schneider/Thielen* (2003), S. 2.

aa) Platzierungsverfahren

Im Rahmen des Platzierungsverfahrens wird zunächst der Emissionskurs bestimmt. Im Anschluss daran erfolgen die Zeichnung und Zuteilung der Aktien. Den Abschluss des Platzierungsverfahrens bilden nach erfolgter Notierungsaufnahme Maßnahmen zur Kursstabilisierung. Kursstabilisierungsmaßnahmen unmittelbar nach einem Börsengang sind erforderlich, um Kurseinbrüche aufgrund von Veräußerungen großer Mengen in spekulativer Absicht erworbener Aktien zu vermeiden. Hierzu kaufen die den Börsengang begleitenden Banken bei akutem Angebotsüberhang Aktien auf. Bei einem Nachfrageüberhang besteht die Möglichkeit, dass die Banken neben dem ursprünglich veröffentlichtem Platzierungsvolumen zusätzliche Aktien (sofern gleicher Art und mit gleichen Rechten ausgestattet) aus dem Bestand der Alteigentümer auf Grundlage einer Wertpapierleihe vorübergehend im Markt platzieren und diese spätestens innerhalb von 30 Kalendertagen nach Notierungsaufnahme wieder zurückkaufen. Alternativ kann, je nach Entwicklung der Notierung, diese Mehremission mittels einer im Voraus vereinbarten Kaufoption durch die Alteigentümer zum Emissionskurs an die Emissionsbanken veräußert und damit zusätzlich im Markt platziert werden (Greenshoe Option).[116]

bb) Wertpapierprospekt und Zulassungsantrag

Im Börsenzulassungsverfahren ist der Wertpapierprospekt das zentrale Informationsdokument. Er ist gemäß § 3 Abs. 1 WpPG immer dann zu veröffentlichen, wenn Aktien auf einem regulierten Markt öffentlich zum Kauf angeboten werden. Bestandteile des Prospekts sind u.A. Angaben über das emittierende Unternehmen, insbesondere seine Geschäftstätigkeit, Vermögens-, Finanz- und Ertragslage, seine Organe, der aktuellen und künftig erwarteten Geschäftsentwicklung und Angaben zu Art und Umfang der auszugebenden Aktien (§ 5 Abs. 1 WpPG).[117] Der Prospekt ist nach seiner Billigung durch die BaFin zu veröffentlichen und durch Hinterlegung dauerhaft öffentlich zugänglich zu machen. Werden die Aktien auf einem börsenregulierten Markt wie Entry Standard oder m:access angeboten, richtet sich das Prospekterfordernis allein nach den Börsenbestimmungen.[118]

g) Kosten des Börsengangs und Folgekosten einer Börsennotierung

Die im Zusammenhang mit der Vorbereitung und Aufnahme einer Börsennotierung anfallenden Kosten lassen sich in vier Blöcke aufteilen:

---

[116] Vgl. *Habersack/Mülbert/Schlitt* (2008), S. 110 ff.
[117] Vgl. *Bösl* (2004), S. 139 ff.; *Habersack/Mülbert/Schlitt* (2008), S. 118 ff.
[118] Für den Entry Standard der FWB ist ein Wertpapierprospekt keine Zulassungsvoraussetzung, vgl. *Deutsche Börse* (2011b), §§ 13 Abs. 1, 16 Abs. 3 der AGB zum Freiverkehr an der FWB; dagegen für m:access Prospektpflicht, vgl. *Bayerische Börse* (2012), § 5 Abs. 3 Regelwerk m:access.

- Kosten für die begleitenden Banken → verhandelbar
- Kosten der Börse → nicht verhandelbar
- Kommunikationskosten → gestaltbar
- Beratungs- und sonstige Kosten → verhandelbar

Die Höhe der Kosten ist insbesondere vom gewählten Börsenplatz, Marktsegment und Emissionsvolumen abhängig. Als Untergrenze sollte ein Betrag in Höhe von 5% des Emissionsvolumens, mindestens aber 500.000 EUR, budgetiert werden.[119] Zu bedenken ist, dass mit steigenden prozentualen Kosten im Verhältnis zum Emissionsvolumen die Attraktivität der Emission aus Sicht der potentiellen Kapitalanleger sinkt. Dies macht einen Börsengang erst ab einem gewissen Emissionsvolumen wirtschaftlich sinnvoll.

Auch die mit einer Börsennotierung (Being Public) verbundenen Folgekosten sollten ausreichend berücksichtigt werden und sind im Rahmen der Abwägung der Vor- und Nachteile einer Börsennotierung in die Entscheidungsfindung einzubeziehen. Zu den Folgekosten gehören z.B. die Notierungsgebühr, die Kosten für die Erstellung und Veröffentlichung von Finanzberichten sowie die Durchführung von Investorentreffen und der Hauptversammlungen.[120] Eine Übersicht über die anfallenden Kostenpositionen des Börsengangs und der Börsennotierung gibt Anlage 9.

6. Zwischenfazit

Eine Finanzierung mittels Aktienemission stellt hohe Anforderungen an das Unternehmen. Dies gilt nicht nur für die Phase des Börsengangs, sondern auch für die Folgezeit an der Börse. Die Kapitalgeber erwarten eine Verzinsung ihrer Investition, die nicht nur die Dividendenzahlung, sondern auch (kurzfristige) Erwartungen auf ein attraktives Kurswachstum umfasst. Auch werden vom Unternehmen deutlich mehr Transparenz sowie von den bisherigen Eigentümern die Bereitschaft, den neuen Kapitalgebern Mitspracherechte zu gewähren, erwartet. Andererseits kann durch einen Börsengang dauerhaftes Kapital für die Finanzierung des weiteren Wachstums gewonnen werden.

Insgesamt erscheint eine Finanzierung durch eine Aktienemission nur für größere mittelständische Unternehmen ratsam, die aufgrund eines erwarteten zukünftigen Wachstums einen hohen Kapitalbedarf (und somit ein entsprechend hohes Emissionsvolumen) haben und bei denen die bisherigen Eigentümer die Interessen des Unternehmens höher gewichten als den eigenen Machtanspruch im Unternehmen.

---

[119] Vgl. Anlage 6, Spalte "Aktien", Rubrik "Kosten".
[120] Zusammenstellung nach *Bösl* (2004), S. 189 f.

III. Mittelstandsanleihen

1. Charakteristika von Mittelstandsanleihen

a) Überblick über Anleihen als Finanzierungsinstrument

Eine Unternehmensanleihe (auch: Schuldverschreibung oder Obligation) ist ein fest oder variabel verzinsliches Darlehen größeren Volumens mit einer langfristigen Laufzeit, das ein Unternehmen auf öffentlichem Wege bei einer Vielzahl von institutionellen und privaten Kapitalgebern aufnimmt, wozu die Gesamtsumme in Teilbeträge gestückelt wird. Anleihen sind Instrumente der kapitalmarktorientierten Fremdfinanzierung, die wie die Aktienemission hohe Anforderungen an das Unternehmen hinsichtlich seiner Kapitalmarktfähigkeit sowie die Gestaltung, Dokumentation und Durchführung der Emission stellen.[121]

Anleihen existieren in verschiedenen Ausprägungen, wie beispielsweise festverzinsliche Anleihen (Fixed Rate Notes), variabel verzinsliche Anleihe (Floating Rate Notes) und Nullkupon-Anleihen (Zero-Bonds). Bei einem Zero-Bond erfolgt keine laufende Verzinsung, sondern die Anleihe wird abgezinst ausgegeben und aufgezinst zurückgezahlt.

Weitere Formen sind die Wandelanleihe (Convertible Bond), die Optionsanleihe (Stock Warrant) und die Gewinnschuldverschreibung (Participation Bond). Wandelanleihen bieten neben Zins und Tilgung das Wahlrecht, die Anleihe während eines bestimmten Zeitraums nach einem bestimmten Umtauschverhältnis in Aktien des die Anleihe emittierenden Unternehmens einzutauschen. Üblich ist dies bei börsennotierten Unternehmen, wenn der Umtausch aufgrund eines gestiegenen Aktienkurses einen höheren Wert als die Tilgung ergibt. Optionsanleihen bieten dem Eigentümer der Anleihe das Zusatzrecht, während eines bestimmten Zeitraums zusätzlich zu Zins und Tilgung aus der Anleihe eine bestimmte Anzahl Aktien zu einem im Voraus festgesetzten Preis (dem Optionskurs) zu erwerben. Optionsanleihen sind bei börsennotierten Anleiheemittenten üblich und bieten dem Anleihegläubiger dann einen Vorteil, wenn er die zu erwerbenden Aktien zu einem höheren Börsenkurs veräußern kann als er für den Optionskurs bezahlen muss. Gewinnschuldverschreibungen sind Anleihen, die neben der Tilgung Zinsansprüche gewähren, die ganz oder teilweise vom Gewinn oder der Dividendenausschüttung des emittierenden Unternehmens abhängig sind. Gewinnschuldverschreibungen sind, anders als Wandel- und Optionsanleihen, in Deutschland kaum verbreitet.

Die Tilgung einer Anleihe kann individuell gestaltet werden, z.B. als einmalige Gesamttilgung oder ratenweise Tilgung in gleichen oder wachsenden Jahresraten.[122]

---

[121] Vgl. *Däumler/Grabe* (2008), S. 152; *Grunow/Figgener* (2006), S. 176.
[122] Vgl. *Däumler/Grabe* (2008), S. 157, 165 ff.

Auf der Investorenseite treten insbesondere institutionelle Kapitalgeber wie Banken, Versicherungen, Fonds, Vermögensverwalter und nach Anlagemöglichkeiten suchende Unternehmen auf. Daneben werden Anleihen auch durch Privatanleger nachgefragt. Auf der Emittentenseite sind Industrie- und Handelsunternehmen sowie Kreditinstitute und Körperschaften des öffentlichen Rechts zu finden.[123]

b) Abgrenzung Mittelstandsanleihen gegenüber anderen Anleihen

Für den Begriff Mittelstandsanleihen gibt es keine gesetzliche Definition. Vielmehr hat sich dieser Begriff erst seit dem Jahr 2010 in der Praxis entwickelt und etabliert.

In der Vergangenheit galten Anleihen aufgrund der hohen Emissionskosten erst ab einem Volumen von 100 Mio. EUR aufwärts als platzierbar. In der Regel hatten mittelständische Unternehmen keinen so hohen Finanzierungsbedarf und verfügten auch nicht über die für eine Platzierung erforderlichen Ressourcen sowie die für eine Bonitätsbeurteilung oftmals erforderlichen Ratings. Auf der Investorenseite bestand in der Vergangenheit nur wenig Interesse an Anleihen mittelständischer Unternehmen, da deren Bonität nur schwer einzuschätzen war und der Handel solcher Anleihen von einem unorganisierten Sekundärmarkt mit begrenzter Liquidität geprägt war. Daneben war in der Vergangenheit der relativ problemlose Zugang zu Bankkrediten in ausreichender Menge und zu günstigen Konditionen, in Verbindung mit einer engen und langfristig angelegten Hausbankbeziehung, ein Grund für die Abstinenz des deutschen Mittelstands vom Anleihemarkt.[124, 125] Der oben in Kapitel C beschriebene Wandel im Rollenverständnis der Banken sowie das geänderte Finanzierungsverhalten der Unternehmen machten aus Sicht des Mittelstands die Schaffung einer neuen Finanzierungsquelle erforderlich.

In dieser Situation schuf die Börse Stuttgart mit dem Marktsegment "Bondm" ein auf die Begebung von Anleihen mittelständischer Unternehmen spezialisiertes Marktsegment. Später haben dann auch die Frankfurter Wertpapierbörse sowie die Börsen München, Düsseldorf und Hamburg-Hannover spezifische Marktsegmente für die Einbeziehung von Anleihen mittelständischer Unternehmen in den Börsenhandel geschaffen. Bei diesen Marktsegmenten handelt es sich um börsenregulierte Bereiche, die dem Freiverkehr zuzurechnen sind. Gemeinsames Ziel dieser Marktsegmente ist es, für Unternehmen und Investoren einen liquiden Börsenhandel zu schaffen.[126] Eine Übersicht über diese Börsenplätze ist in Anlage 10 enthalten.

---

[123] Vgl. *Grunow/Figgener* (2006), S. 182.
[124] Vgl. *Bösl/Hasler* (2012), S. 12 f.; *Finance* (2011), S. 8.
[125] Offenbar anderer Auffassung *Grunow/Figgener* (2006), S. 179, die bei mittelständischen Unternehmen im Zusammenhang mit Anleihen als Finanzierungsinstrument keine solchen Probleme erwähnen.
[126] Vgl. *Bösl/Hasler* (2012), S. 13; *Finance* (2011), S. 8.

Der Begriff Mittelstandsanleihe lässt sich vor diesem Hintergrund anhand der Kriterien Emittenten, Emissionsvolumen und Handelsplätze wie folgt charakterisieren: Mittelstandsanleihen sind Anleihen mit einem Emissionsvolumen zwischen 10 Mio. und 150 Mio. EUR, die von einem mittelständischen Unternehmen[127] an einem hierauf spezialisierten Marktsegment emittiert und gehandelt werden.

2. Volumen, Konditionen und Ausstattungsmerkmale

a) Volumen

Mittelstandsanleihen weisen üblicherweise, wie bereits erwähnt, Volumen zwischen 10 Mio. und 150 Mio. EUR auf. Aufgrund der hohen fixen Emissionskosten erscheint eine Emission erst ab einem Volumen von 30 Mio. EUR sinnvoll. Die Börsen Düsseldorf und München haben als Untergrenzen 10 Mio. bzw. 25 Mio. EUR festgesetzt.[128]

b) Laufzeit

Während Anleihen ein Laufzeitenspektrum zwischen 3 und 15 Jahren (üblicherweise 5 bis 10 Jahre; selten dagegen: unbegrenzte Laufzeiten) haben, weisen Mittelstandsanleihen häufig Laufzeiten von 3 bis 7 Jahren auf und sind endfällig ausgestaltet. Tilgungen während der Laufzeit sowie vorzeitige Rückzahlungen sind unüblich. Bei länger laufenden Anleihen sind teilweise Kündigungsverbote zu Lasten des Emittenten während der ersten Hälfte der Laufzeit zu beobachten. Die endfällige Rückzahlung wird oftmals durch Emission einer neuen Anleihe refinanziert.[129]

c) Anleihebedingungen

In den Anleihebedingungen werden üblicherweise verschiedene Zusagen und Gewährleistungen gegeben, die jedoch nicht einem einheitlichen Standard folgen und die im Einzelnen von der Kapitalmarktattraktivität des jeweiligen Emittenten abhängig sind. Grundsätzlich kann als Merksatz gelten, dass Klauseln umso umfangreicher und restriktiver ausgestaltet werden müssen, je höher das mit dem Unternehmen verbundene Risiko eingeschätzt wird. In der Praxis sind beispielsweise Zusagen, keine oder nur in bestimmten Umfang weitere Verpflichtungen einzugehen sowie bestimmte Gruppen von Vermögenswerten nicht für die Besicherung anderer Verbindlichkeiten zu verwenden, gebräuchlich.

Darüber hinaus ist die Verwendung von finanziellen Zusagen (Financial Covenants) und Change-of-Control-Klauseln mit Sonderkündigungsrechten zugunsten der Anleihegläubiger verbreitet. Ein

---

[127] Zur Definition des mittelständischen Unternehmens im Sinne dieser Arbeit vgl. oben A.III.2.b.
[128] Vgl. *Finance* (2011), S. 11.
[129] Vgl. *Bösl/Hasler* (2012), S. 42 f.; *Grunow/Figgener* (2006), S. 179.

weiterer Kündigungsgrund kann durch einen Cross default ausgelöst werden. Dabei werden alle Anleihen und ihnen gleichgestellten Titel mit sofortiger Wirkung zur Rückzahlung fällig, wenn das Unternehmen mit nur einer einzigen Anleihe in Zahlungsverzug gerät.[130] Derartige Bedingungen sind aus Unternehmenssicht problematisch, da durch ein möglicherweise begrenztes Problem ein Fallbeil-Effekt ausgelöst werden kann, der die Existenz des gesamten Unternehmens gefährdet.

Je nach Ausgestaltung der Laufzeit, der Nachrangigkeit und der Kündigungsbedingungen kann die Anleihe als wirtschaftliches oder auch bilanzielles Eigenkapital ausgestaltet werden (Hybridanleihen). Die Anerkennung als bilanzielles Eigenkapital nach IAS 32.15 ff. ist unter bestimmten Voraussetzungen möglich, nicht aber nach den Vorschriften des HGB. Anleihen können durch Sicherheiten unterlegt werden, insbesondere durch eine werthaltige erstrangige Grundschuld. Dadurch kann die Anleihe Deckungsstockfähig im Sinne des § 54 VAG ausgestaltet werden, wodurch z.B. Versicherungen als institutionelle Anleger gewonnen werden können,[131] die Anleihen zur Portfoliodiversifizierung mit dem Ziel einer Renditeoptimierung einsetzen.[132]

d) Verzinsung

Die Verzinsung kann als feste oder variable Verzinsung ausgestaltet werden; beide Arten können auch miteinander kombiniert werden. Weitere denkbare Gestaltungsmöglichkeiten sind die Festlegung einer Obergrenze (Cap), einer Untergrenze (Floor) oder von beidem (Collar) sowie ein jährlich steigender (Step up) oder fallender (Step down) Zins. Bei einer variablen Verzinsung ist das Unternehmen nicht an einen bestimmten Referenzzinssatz gebunden, gleichwohl sollten bekannte marktgängige Referenzzinssätze wie beispielsweise EONIA oder EURIBOR herangezogen werden, anhand derer die Verzinsung der Anleihe meist für Zeiträume von 3 oder 6 Monaten im Voraus oder nachträglich festgestellt wird. Die Marge, also der Risikoaufschlag auf den Markt- oder Referenzzins, ist vom individuellen Risiko-Rendite-Profil des emittierenden Unternehmens und emittierten Produkts abhängig.[133]

Als Beispiele für die Höhe der Verzinsung von in den Jahren 2010 und 2011 emittierten Anleihen seien hier die Anleihe der DIC Asset AG (5,875%) und Solar8 AG (9,25%) genannt, deren Ausgabekurs jeweils bei 100% lag. Die Konditionen der Anleihe sind aus Unternehmenssicht eines der entscheidenden Kriterien bei der Entscheidung für oder gegen eine Anleiheemission, wenn die Anleihe in Konkurrenz mit anderen verfügbaren Finanzierungsinstrumenten steht. Wie hoch die Verzinsung angesetzt werden muss, um eine erfolgreiche Platzierung erzielen zu können, wird im Wesentlichen

---

[130] Vgl. *Bösl/Hasler* (2012), S. 44 f.; *Grunow/Figgener* (2006), S. 180.
[131] Vgl. *Bösl/Hasler* (2012), S. 51.
[132] Vgl. *Allianz* (2012), S. 15.
[133] Vgl. *Bösl/Hasler* (2012), S. 42 f.

durch das Unternehmensrating beeinflusst: Je schlechter die Ratingnote ausfällt, desto höher der aufzuwendende Zins. Ist eine Anleihe durch eine sehr hohe Verzinsung gekennzeichnet (i.d.R. 10% und mehr), spricht man von einer Hochzinsanleihe (High Yield Bond). Ist diese Anleihe zusätzlich auch noch mit einem Rating von B oder schlechter bewertet, wird sie als Ramschanleihe (Junk Bond) bezeichnet.[134]

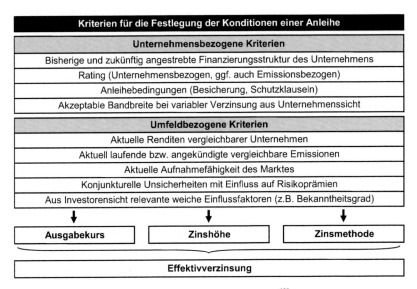

Abbildung 16: Kriterien für die Festlegung der Konditionen einer Anleihe[135]

Welche Zinsmethode gewählt wird, ist in Abhängigkeit vom Marktumfeld festzulegen. In Zeiten eines niedrigen Zinsniveaus sind Anleihen mit einer festen Verzinsung aus Sicht des Unternehmens vorzugswürdig, was aber den Platzierungserfolg einschränken könnte, wenn die Investoren mit steigenden Zinsen rechnen. Wird ein Rückgang des Zinsniveaus erwartet, ist eine variable Verzinsung aus Emittentensicht vorzuziehen, um von sinkenden Zinsen profitieren zu können.[136]

Variable Zinsen sind aus Unternehmenssicht insofern ein Problem, dass die Entwicklung des Zinsniveaus nur schwer planbar ist. Zudem besteht die Gefahr, dass der Liquiditätszufluss aus der mit der Anleihe finanzierten Investition möglicherweise nicht mit der Entwicklung des Zinsniveaus und des damit verbundenen Liquiditätsabflusses für die zu zahlenden Zinsen korreliert. Aus Anlegersicht ist zu bedenken, dass Anleihen mit einer festen Verzinsung größeren Kursschwankungen ausgesetzt sind als Anleihen mit einer variablen Verzinsung. Steigt das Marktzinsniveau über das der Anleihe, sinkt bei einer börsennotierten Anleihe der Kurs, was aus Investorensicht möglicherweise Abschreibungen erforderlich macht; ein Kriterium, welches insbesondere bei Versicherungen als Investoren kritisch ist.

---

[134] Vgl. *Zantow/Dinauer* (2011), S. 260.
[135] Eigene Darstellung, zusammengestellt nach *Bösl/Hasler* (2012), S. 90 f.
[136] Vgl. *Bösl/Hasler* (2012), S. 42 f.

Die Gesamtrendite einer Anleihe ergibt sich aus Anlegersicht nicht nur aus der Verzinsung, sondern dem Zusammenspiel von Verzinsung und Kursentwicklung. Erfolgt die Ausgabe der Anleihe unter Kurswert, liegt die Gesamtrendite höher als die Nominalverzinsung. In den Kurswert der Anleihe werden – ähnlich Aktien – die Risiken des emittierenden Unternehmens eingepreist. Der Kurswert einer Anleihe reagiert darüber hinaus auf Änderungen des Zinsniveaus. Steigt das Marktzinsniveau über das der Anleihe, sinkt deren Kurs. Umgekehrt steigt der Kurs der Anleihe bei sinkenden Zinsen. Die Intensität der Kursänderung wird auch durch die (Rest-)Laufzeit der Anleihe beeinflusst. High Yield-Anleihen reagieren aufgrund ihrer höheren Rendite weniger sensitiv auf Änderungen des Zinsniveaus als Investment Grade-Anleihen.[137]

Die Effektivverzinsung muss sich an den Erwartungen der potentiellen Investoren orientieren. Zusammenfassend ist festzustellen, dass der Erfolg der Anleiheplatzierung durch die Attraktivität des Risiko-Rendite-Profils bestimmt wird.

e) Emissionskosten

Die mit einer Anleiheemission verbundenen Nebenkosten betragen zwischen 3% und 7%. Sie sind abhängig vom Emissionsvolumen, der Marktlage, Bonität des Emittenten und der Intensität des begleitenden Emissionsmarketing und bestehen aus einem Fixkostenblock und einer variablen Komponente.

Indikative Kosten einer Anleiheemission	
Platzierungskosten	Zwischen 2,5 und 5%, je nach Volumen
Rating	25.000 EUR bis 40.000 EUR
Prospekterstellung	50.000 EUR bis 80.000 EUR
Börsengebühren	Abhängig von der jeweiligen Börse
Emissionsmarketing	20.000 EUR bis 30.000 EUR

Abbildung 17: Indikative Kosten einer Anleiheemission[138]

f) Form, Verbriefung und Stückelung

Die Anleihe wird üblicherweise als Inhaberschuldverschreibung in einer girosammelverwahrfähigen Globalurkunde ohne Verbriefung der einzelnen Teilbeträge ausgegeben. Die Übertragung der Anleihe erfolgt durch Übertragung des Miteigentumsanteils am Sammeldepot. Für die Höhe der Stückelung bestehen zwar grundsätzlich keine Vorgaben, jedoch sind insbesondere bei Mittelstandsanleihen Stückelungen von 1.000 EUR anzutreffen, um auch Privatanleger anzusprechen. Mit Ausnahme der Mittelstandsbörse Deutschland am Börsenplatz Hamburg-Hannover, wo es keine Vorgabe für die

---

[137] Vgl. *Allianz* (2012), S. 11, 13.
[138] Vgl. *Finance* (2011), S. 12.

Höhe der Stückelung gibt, ist an den anderen Börsenplätzen für Mittelstandsanleihen die Stückelung auf maximal 1.000 EUR begrenzt.[139]

3. Vor- und Nachteile von Mittelstandsanleihen

Der Einsatz von Mittelstandsanleihen als Finanzierungsinstrument bietet dem Unternehmen verschiedene Vorteile. Durch die Emission kann die finanzielle Unabhängigkeit des Unternehmens gestärkt werden, da bei einer Anleihe die Kapitalgeber – anders als bei einer Aktienemission – keine Mitspracherechte erwerben. Im Vergleich zu einer Bankenfinanzierung bewahrt sich das Unternehmen eine höhere Unabhängigkeit. Denn der Investor der Anleihe kann sich im Regelfall nur für oder gegen den Erwerb der Anleihe entscheiden und muss letztlich die mit ihr verbundenen Anleihebedingungen akzeptieren. Auch bleibt bei einer breiten Streuung der Anleihe der Einfluss einzelner Investoren im Vergleich zu einer kreditgebenden Bank geringer, da die Verhandlungsmacht der Bank bei den Kreditkonditionen oftmals stärker sein dürfte. Ferner wächst durch die Hinwendung zum Kapitalmarkt die Bekanntheit des Unternehmens bei potentiellen Kapitalgebern und kann so als Vorstufe für einen Börsengang dienen.[140]

Auch bietet eine Anleihe dem Unternehmen ein höheres Maß an Flexibilität, da es die Anleihebedingungen hinsichtlich Besicherung, Schutzklauseln und Zweckbindung selbst ausgestalten kann. Dabei kann in den Anleihebedingungen ein vorzeitiger (teilweiser) Rückkauf der Anleihe durch das Unternehmen vorgesehen werden. Hier ist im Vergleich zum Bankkredit die fehlende Vorfälligkeitsentschädigung von Vorteil. Ein solcher Rückkauf würde sich lohnen, wenn die Verzinsung oder der Kurs der Anleihe über dem Marktzins für eine neue Anleihe oder über den Konditionen eines anderen Finanzierungsinstruments liegen.[141]

Weitere Vorteile bietet die Anleihe hinsichtlich des möglichen Emissionsvolumens und der Kreditkosten. Durch den fehlenden Zwang zur Besicherung wird ein größeres Emissionsvolumen ermöglicht, während das Volumen des klassischen Kredits durch die zur Verfügung stehenden Sicherheiten begrenzt wird. Auch im Hinblick auf mögliche Restriktionen in der Kreditvergabe aufgrund der nach Basel III erforderlichen Unterlegung des Kreditvolumens mit Eigenkapital durch die Bank bietet die Anleihe gegenüber dem Bankkredit einen Vorteil. Bei den Kreditkosten kann dann ein Kostenvorteil realisiert werden, wenn sich das Unternehmen zu niedrigeren Marktzinsen finanziert als ihm seine Bank unter den in Kapitel C erwähnten Zwängen von Basel III bieten kann.[142]

---

[139] Vgl. *Bösl/Hasler* (2012), S. 6, 41.
[140] Vgl. *Bösl/Hasler* (2012), S. 23 ff.
[141] Vgl. *Bösl/Hasler* (2012), S. 26.
[142] Vgl. *Bösl/Hasler* (2012), S. 26 f.

Mit Mittelstandsanleihen sind aber auch Nachteile und Risiken verbunden, die sowohl einzeln als auch kumuliert nicht unterschätzt werden dürfen. Im Grenzbereich zwischen Vor- und Nachteil steht zunächst die mit einer Anleihe einhergehende höhere Transparenz des Unternehmens. Ohne ein Mindestmaß an Transparenz und damit einhergehenden Investor Relations sind Investoren nur schwer zu gewinnen.[143] Zweifel an der wirtschaftlichen Leistungsfähigkeit, die mangels Transparenz nicht widerlegt werden können, bergen nach der hier vertretenen Auffassung das Risiko, dass Kunden dem Unternehmen ihre Aufträge verweigern. Gerade im großvolumigen Projektgeschäft ist daher Technologieführerschaft alleine kein Erfolgsgarant, sondern wird erst im Zusammenspiel mit finanzieller Stärke zu einem echten Wettbewerbsvorteil.

Die Vorbereitung und Durchführung einer Anleiheemission nimmt im Vergleich zur Kreditvergabe durch eine langjährige Hausbank einen deutlich längeren Zeitraum in Anspruch. Auch unterliegt der Emittent einer Anleihe dem Risiko, dass er das vorgesehene Anleihevolumen nicht vollständig am Markt platzieren kann. Gerade bei Mittelstandsanleihen sind Banken zurückhaltend bei der Abgabe von Platzierungsgarantien (Underwriting). Dies bedeutet für den Emittenten, dass er sich insoweit auf die Fähigkeiten der Emissionsbank oder beauftragten Finanzvermittler verlassen muss.[144]

Im Zuge der Finanzmarktkrise kam die Emissionstätigkeit von Mittelstandsanleihen im Sommer 2011 zwei Monate zum Erliegen. Dies zeigt, wie sensibel die Anleihemärkte auf exogene Schocks reagieren und wie abhängig die Emittenten von der Marktentwicklung sind. Daher muss die Marktentwicklung bei der Vorbereitung einer Emission gründlich beobachtet werden, da andernfalls die Emission zum Misserfolg werden könnte oder unattraktive Risikozugeständnisse bei der Verzinsung bzw. beim Ausgabekurs gemacht werden müssen.[145]

Ein weiteres Risiko birgt die zum Ende der Laufzeit erforderliche Anschlussfinanzierung einer auslaufenden Anleihe. Eine kreditgebende Bank steht der Prolongation eines Kredits möglicherweise aufgeschlossener gegenüber, wenn der Fortbestand ihrer bisherigen Kreditforderung davon abhängt. Wurde der Kredit mit Sicherheiten unterlegt, kann die Bank zudem auf diese zurückgreifen. Bei einer ungesicherten Anleihe mit großem Streubesitz dagegen kann sich der oben beschriebene Vorteil ins Gegenteil drehen. Dies gilt nicht nur für wirtschaftlich schwache Emittenten, die nicht als Investment Grade geratet sind. Auch wirtschaftlich potente Emittenten könnten bei einer Refinanzierung vor demselben Problem stehen, wenn der Markt für Mittelstandsanleihen möglicherweise nach prominenten Ausfällen nicht mehr oder nur noch eingeschränkt liquide ist.[146] Dies könnte eintreten, wenn sich die Privatanleger vom Markt für Mittelstandsanleihen zurückziehen wie aus dem Aktienmarkt

---

[143] Vgl. *Bösl/Hasler* (2012), S. 29.
[144] Vgl. *Bösl/Hasler* (2012), S. 28 f.; *Finance* (2011), S. 15.
[145] Vgl. *Finance* (2011), S. 18.
[146] Vgl. *Bösl/Hasler* (2012), S. 28 f.; *Finance* (2011), S. 18 f.

nach dem Zusammenbruch des Neuen Marktes. Mittelstandsanleihen könnten dadurch das gleiche Schicksal erleben wie aktuell Mezzaninekapital.[147]

Kritisch wird auch die von deutschen Ratingagenturen angewendete Ratingsystematik betrachtet. Zwar sind diese kostengünstiger als Ratings durch die international führenden Agenturen, und auch die Notation der Ratingskalen ist vergleichbar. Jedoch wird durch die deutschen Ratingagenturen nicht das Instrument, sondern das Unternehmen beurteilt. Dies bedeutet, dass die Anleihebedingungen nicht in die Beurteilung einbezogen werden und somit die mit einer Mittelstandsanleihe verbundenen Risiken nicht angemessen bepreist werden und das Rating möglicherweise zu gut ausfällt. Emittenten mit Ratings unterhalb von Investment Grade haben daher eher Hochrisikoanleihen statt Mittelstandsanleihen emittiert. Es stellt sich die Frage, ob diese Unternehmen anstelle der Anleihen einen vergleichbaren Kredit erhalten hätten. Weitere Schwachstellen können darin bestehen, wenn die Anleihe von einer Zwischenholding oder Zweckgesellschaft emittiert wird, die über kein eigenes operatives Geschäft oder andere werthaltige Vermögenswerte verfügt und auf Ausschüttungen ihrer Tochtergesellschaften angewiesen ist, um ihren eigenen Zins- und Tilgungsdienst leisten zu können.[148]

Sollte dem Unternehmen eine Anschlussfinanzierung nicht gelingen, droht eine finanzielle Schieflage bis hin zur einer möglichen Insolvenz. Insbesondere bei breit gestreuten Anleihen ist ein teilweiser Forderungsverzicht, eine Umschuldung (Debt to Debt) oder ein Umtausch von Verbindlichkeiten in Eigenkapital (Debt to Equity) wegen der erforderlichen Mehrheiten mit erheblichen Schwierigkeiten verbunden. Als prominentes Beispiel sei hier auf den Modekonzern Escada hingewiesen, der im Jahr 2009 nach einer fehlgeschlagenen Restrukturierung einer Anleihe Insolvenz anmelden musste.[149] Akteure sind dabei auch sog. "Geier-Fonds", die sich auf den Aufkauf von notleidenden Finanzierungen (Distressed debt) spezialisiert haben und über eine Umstrukturierung des Fremdkapitals in Eigenkapital die Kontrolle über ein Unternehmen anstreben. Es bleibt daher abzuwarten, wie sich die ersten Ausfälle[150] am Markt für Mittelstandsanleihen auf das Sentiment der Anleger – insbesondere der Privatanleger – auswirken werden.

Aus den vorstehend beschrieben Nachteilen kann als Fazit gezogen werden, dass ein Unternehmen bestrebt sein sollte, zu jedem geplanten Finanzierungsinstrument im Falle des Scheiterns einen "Plan B" vorzuhalten, der in der verbleibenden Restzeit zu vertretbaren Konditionen umgesetzt werden kann. Auch sollten die Anleihebedingungen bereits bei Ausgabe so ausgestaltet werden, dass sie im

---

[147] Vgl. *Finance* (2011), S. 18, 20. Der Fruchtsafthersteller Valensina nutzt den Emissionserlös aus der von ihm begebenen Anleihe zur Refinanzierung seines auslaufenden Mezzaninekapitals.
[148] Vgl. *Finance* (2011), S: 14 f; *FAZ* (2012).
[149] Vgl. *Manager-Magazin* (2009a); *Manager-Magazin* (2009b).
[150] So z.B. im März 2012 die Insolvenz der SIAG Schaaf Industrie AG, vgl. *Handelsblatt* (2012a).

Falle einer finanziellen Schieflage des Unternehmens einer Sanierung nicht entgegenstehen. Eine Alternative zur Emission einer Mittelstandsanleihe bietet beispielsweise ein Schuldscheindarlehen.

4. Platzierung von Mittelstandsanleihen

Der Prozess für die Emission einer Mittelstandsanleihe umfasst fünf Phasen: Die Planungsphase, Vorbereitungsphase, Prozessphase, Zeichnungsphase und die Post Initial Public Bond Offering-Phase. Bei einem kapitalmarktreifen Unternehmen kann als Platzierungsdauer ein Zeitraum von ungefähr drei Monaten veranschlagt werden.

Der Emissionsprozess beginnt mit der Planungsphase. Sie umfasst insbesondere die Auswahl des Emissionsberaters und eine Corporate Finance-Analyse. Im Rahmen der Corporate Finance-Analyse wird die Kapitalmarktreife des Unternehmens überprüft, das erforderliche und das platzierbare Emissionsvolumen ermittelt, ein Plan zur Mittelverwendung ausgearbeitet sowie die Investment Story zusammengestellt. Die anschließende Vorbereitungsphase umfasst die Auswahl des Börsenplatzes, die Auswahl und Mandatierung der erforderlichen Kapitalmarktpartner, die Zusammenstellung des Emissionskonsortiums, die Festlegung des Emissionsverfahrens, Strukturierung der Anleihe (Stückelung, Bedingungen) sowie erste Marketingmaßnahmen wie ein Markt-Sounding.

Als dritte Phase schließt sich die Prozessphase an. Sie umfasst die Planung von Marketingmaßnahmen, die Erstellung des Ratingberichts und ggf. eines Wertpapierprospekts einschließlich dessen Vorlage an die BaFin zur Prüfung und Billigung. In der Zeichnungsphase werden die Zeichnungsfrist und das Zuteilungsverfahren festgelegt sowie Analysten- und Pressegespräche durchgeführt; daneben können auch einzelne Investoren direkt angesprochen werden. Am Ende der Zeichnungsphase erfolgt die Aufnahme der Notierung der Anleihe an der Börse.

Prozess und Zeitplan für die Platzierung einer Mittelstandsanleihe												
Woche	1	2	3	4	5	6	7	8	9	10	11	12
Planungsphase												
Auswahl Emissionsberater	▨											
Vertragsgespräche	▨											
Corporate Finance-Analyse	▨											
Vorbereitungsphase												
Auswahl Rechtsanwälte		▨										
Auswahl Ratingagentur		▨										
Auswahl Investor Relations-Agentur		▨										
Analystenmeetings			▨									
Analystenpräsentation					▨							
Pre-Sounding							▨	▨				
Auswahl Emissionsbanken									▨	▨		
Prozessphase												
Erstellung Ratingbericht				▨	▨	▨						
Erstellung Wertpapierprospekt				▨	▨	▨						
BaFin-Prüfung Wertpapierprospekt						▨	▨					
Überarbeitung Prospekt								▨	▨			
Billigung Prospekt durch BaFin										▨		
Kickoff IR-Agentur			▨									
Kommunikationskonzept (IR-Agentur)				▨	▨							
Pressegespräche durch IR-Agentur											▨	
Zeichnungsphase												
Investorengespräche									▨	▨		
Roadshows										▨		
Analysten- und Pressegespräche										▨		
Platzierung											▨	
Zuteilung/Lieferung der Wertpapiere												▨
Notierungsaufnahme												▨
Post-IPBO-Phase												
Folgerating												→
Transparenzpflichten												→
Finanzmarktkommunikation												→

Abbildung 18: Prozess und Zeitplan der Platzierung einer Mittelstandsanleihe[151]

Nach erfolgter Notierungsaufnahme muss sich das emittierende Unternehmen in der Post-IPBO-Phase den gesetzlichen, faktischen und freiwilligen Folgen einer kapitalmarktorientierten Finanzierung stellen. Hierzu gehören beispielsweise die Erfüllung der Transparenzpflichten, die Aktualisierung des Ratings sowie die Fortsetzung der Finanzmarktkommunikation im Rahmen der Investor Relations. Die Folgen einer kapitalmarktorientierten Finanzierung werden in Kapitel F dargestellt.

---

[151] Quelle: *Bösl/Hasler* (2012), S. 205, 209.

5. Zwischenfazit

Mit den Marktsegmenten für Mittelstandsanleihen wurde eine neue Finanzierungsquelle für mittelständische Unternehmen geschaffen. Mittelstandsanleihen bieten interessierten Unternehmen die Möglichkeit, ihre Finanzierung um eine weitere Quelle zu erweitern. Voraussetzung für eine erfolgreiche Nutzung ist aber, dass das Unternehmen die vom Markt geforderte Transparenz akzeptiert, über die erforderliche Kapitalmarktreife und -attraktivität verfügt und die potentiellen Investoren durch seine Qualität und ein attraktives Risiko-Rendite-Profil überzeugen kann. Aufgrund der häufigen Ausgestaltung mit einer Gesamttilgung am Laufzeitende sollte eine Mittelstandsanleihe aber nicht als Hauptfinanzierungsinstrument, sondern nur als ein Baustein in der gesamten Unternehmensfinanzierung eingesetzt werden.

IV. Schuldscheindarlehen

1. Charakteristika des Schuldscheindarlehens

Bei einem Schuldscheindarlehen handelt es sich um einen anleiheähnlichen Kredit größeren Volumens, der mit einer langfristigen Laufzeit ausgestattet ist und auf nichtöffentlichem Wege bei institutionellen Kapitalgebern platziert wird. Schuldscheindarlehen sind in der kapitalmarktorientierten Finanzierung das Bindeglied zwischen dem klassischen Bankkredit und einer Anleihe, da sie Merkmale dieser beiden Instrumente vereinen sowie vergleichbaren Anforderungen seitens der Kapitalgeber unterliegen. Der Schuldschein als Beweisurkunde enthält Elemente, die einer Verbriefung ähnlich sind und ermöglicht aufgrund seiner teilweisen Standardisierung im Vergleich zum Bankkredit eine erleichterte Übertragbarkeit der zugrunde liegenden Forderungen am Sekundärmarkt für Kapitalanlagen. Dabei ist der Schuldschein selbst kein Wertpapier, sondern lediglich eine Beweisurkunde.[152]

Wird das Schuldscheindarlehen bei einem einzelnen Investor als Darlehensgeber (Gläubiger) platziert, spricht man von einem Einzel-Schuldscheindarlehen. Daneben besteht aber auch die Möglichkeit, das Schuldscheindarlehen in mehrere Teilbeträge aufzuteilen und diese bei verschiedenen Investoren zu platzieren (Teil-Schuldscheindarlehen), was insbesondere bei hohen Darlehensbeträgen üblich ist. Entspricht die Laufzeit des Darlehens der Dauer des Geldbedarfs beim aufnehmenden Unternehmen, spricht man von einem fristenkongruenten Schuldscheindarlehen. Wird dagegen

---

[152] Vgl. *Däumler/Grabe* (2008), S. 171; *Grunow/Figgener* (2006), S. 169.

ein langfristiger Geldbedarf durch mehrmalige Prolongierung kürzerer Darlehenslaufzeiten abgedeckt, liegt ein revolvierendes Schuldscheindarlehen vor.[153]

Beteiligte an einem Schuldscheindarlehen sind als Kapitalgeber insbesondere Versicherungen, Pensionskassen, Bausparkassen und nach Anlagemöglichkeiten suchende Unternehmen sowie vereinzelt auch Family Offices als Darlehensgeber, und Industrie- und Handelsunternehmen sowie Kreditinstitute und Körperschaften des öffentlichen Rechts als Darlehensnehmer.[154]

Bei einer indirekten Gewährung werden im Regelfall Banken und andere Finanzmakler als Vermittler in Anspruch genommen. Deren Einschaltung und sorgfältige Auswahl ist insbesondere bei hohen Darlehensbeträgen von Vorteil, um sich den Zugang zu einem ausreichend breiten Investorenkreis erschließen zu können. Daneben können mittelständische Unternehmen von der Erfahrung einer entsprechend ausgewählten Bank bei der Ausgestaltung und Strukturierung sowie Anregungen zur richtigen Aufbereitung der Kommunikation gegenüber dem Kapitalmarkt profitieren.[155]

2. Volumen, Konditionen und Ausstattungsmerkmale

Das Volumen eines Schuldscheindarlehens bewegt sich üblicherweise zwischen 5 Mio. und 300 Mio. EUR, bei mittelständischen Kreditnehmern häufig im Bereich zwischen 20 Mio. und 200 Mio. EUR[156]. Generell haben Schuldscheindarlehen eine fest vereinbarte Laufzeit und sind endfällig bzw. anfangs über einen Teil der Laufzeit zunächst tilgungsfrei. Die Laufzeit bewegt sich in einer Bandbreite zwischen 2 bis 15 Jahren, wobei Laufzeiten von 3 bis 5 Jahren wegen der größeren Nachfrage in diesem Bereich üblich sind. Die Einräumung von vorfristigen Kündigungsrechten ist zwar grundsätzlich möglich, in der Praxis aber eher unüblich. Nur für besondere Fälle werden außerordentliche Kündigungsrechte vereinbart, bspw. bei fehlender Einhaltung wirtschaftlicher Kennzahlen (Covenant breaches) oder Eintritt eines auslösenden Ereignisses (Trigger event), wie z.B. bei Change-of Control-Klauseln.[157]

Die Verzinsung kann sowohl Fest als auch Variabel ausgestaltet werden. Bei einer variablen Verzinsung hängt die Höhe der Risikoprämie über dem zugrunde liegenden Referenzzinssatz von der Bonität des Schuldners und der Attraktivität seines Risiko-Rendite-Profils ab. Teilweise tendieren Investoren als Gläubiger zu einer variablen Verzinsung, um neben dem Ausfallrisiko nicht noch zusätzlich ein Zinsänderungsrisiko in die Bücher zu nehmen.[158]

---

[153] Vgl. *Däumler/Grabe* (2008), S. 175 f.; *Zantow/Dinauer* (2011), S. 206.
[154] Vgl. *Institutional Money* (2012), S. 140.
[155] Vgl. *Däumler/Grabe* (2008), S. 172; *Grunow/Figgener* (2006), S. 173.
[156] Vgl. *Arndt* (2011), S. 20.
[157] Vgl. *Däumler/Grabe* (2008), S. 172; *Grunow/Figgener* (2006), S. 170.
[158] Vgl. *Grunow/Figgener* (2006), S. 170.

Die mit dem Schuldscheindarlehen verbundenen Nebenkosten betragen zwischen 1,0% und 3,5%. Sie sind abhängig von Marktlage, Bonität des Emittenten und dem ggf. eingeschalteten Vermittler als Arranger. Im Vergleich zur Anleihe machen die niedrigeren Nebenkosten das Schuldscheindarlehen für Laufzeiten bis zu 10 Jahren tendenziell kostengünstiger als eine Anleihe.[159]

Besondere Formvorschriften existieren nicht, da es sich bei einem Schuldscheindarlehen um einen Darlehensvertrag im Sinne der §§ 607 ff. BGB handelt, der formfrei geschlossen werden kann. Die Übertragung des Schuldscheindarlehens erfolgt durch Forderungsabtretung (Zession).[160] Eine besondere Gestaltungsmöglichkeit des Schuldscheindarlehns liegt in der Möglichkeit, es durch eine werthaltige erstrangige Grundschuld zu besichern. Dadurch kann das Schuldscheindarlehen die sog. Deckungsstockfähigkeit im Sinne des § 54 VAG erlangen. Dies ermöglicht es, Versicherungsgesellschaften und Pensionskassen für die Anlage ihres Sicherungsvermögens i.S.v. § 66 VAG als Kapitalgeber zu gewinnen.[161] Da Schuldscheindarlehen höhere Renditen als Staatsanleihen bieten, eignen sie zur Portfoliobeimischung.[162]

3. Vor- und Nachteile des Schuldscheindarlehens

Ein wesentlicher Vorteil des Schuldscheindarlehens liegt in der hohen Flexibilität der Gestaltungsmöglichkeiten wie Volumen und Laufzeitenspektrum, der einfachen Dokumentation und unkomplizierten Abwicklung. Dies ermöglicht es, das Darlehen individuell auf die Bedürfnisse von Kapitalgeber und -nehmer zuzuschneiden. Insbesondere mittelständischen Unternehmen ermöglicht ein Schuldscheindarlehen eine passgenaue Finanzierung, die allerdings eine entsprechend ausgereifte und solide Finanzplanung voraussetzt. Die Emission eines Schuldscheindarlehens unterliegt keinen öffentlichen Genehmigungspflichten. Zudem besteht kein Zwang des Kapitalnehmers, seine wirtschaftlichen Verhältnisse der Öffentlichkeit zugänglich zu machen. Aus Investorensicht bietet sich die Möglichkeit, das eigene Anlageportfolio um ausgewählte Adressen und Renditen zu erweitern.

Aufgrund seiner Ähnlichkeit zur Anleihe bietet sich das Schuldscheindarlehen neben seinen reinen Finanzierungszwecken auch zur Vorbereitung auf eine "echte" Kapitalmarktemission, wie beispielsweise die Begebung einer Anleihe, an. Die zur Emission eines Schuldscheindarlehens erforderliche Kapitalmarktfähigkeit wird, ähnlich wie bei der Anleiheemission, durch die Qualität der Dokumentationen, die Ausgewogenheit der Unternehmensfinanzen und der Nachhaltigkeit des für den Zins- und Tilgungsdienst verfügbaren Free Cash Flow bestimmt. Die Erstellung der für das Schuldscheindarlehen erforderlichen Unternehmensdarstellung kann als Übung für die Erstellung eines Wertpapier-

---

[159] Vgl. *Däumler/Grabe* (2008), S. 172.
[160] Vgl. *Däumler/Grabe* (2008), S. 172.
[161] Vgl. *Däumler/Grabe* (2008), S. 173; *Zantow/Dinauer* (2011), S. 206.
[162] Vgl. *Arndt* (2011), S. 20.

prospekts oder die Durchführung eines externen Ratings genutzt werden. Daneben kann die einmal erstellte Dokumentation auch als Gerüst für die weitere Finanzmarktkommunikation genutzt werden und so bereits im Vorfeld einer geplanten Aktien- oder Anleiheemission das Unternehmen einem größeren Investorenkreis bekannt gemacht werden.[163] Der Umfang der Dokumentation umfasst üblicherweise nur rund 15 Seiten.[164]

Sofern das Schuldscheindarlehen nicht besichert wird, können aus dem Emissionserlös z.B. auslaufende Bankkredite abgelöst und dadurch bislang für Sicherheitengestellung gebundene Vermögenswerte freigesetzt werden.[165] Die hohe Flexibilität in der Ausgestaltung macht Schuldscheindarlehen grundsätzlich auch für eine Anschlussfinanzierung auslaufender Anleihen oder Mezzanine_finanzierungen interessant.[166]

Ein externes Rating ist für ein Schuldscheindarlehen grundsätzlich nicht erforderlich, jedoch sollte das Unternehmen zumindest nach einem bankinternen Rating der begleitenden Bank die Kategorie "Investment Grade" erreichen.[167] Alternativ zu einem externen oder einem bankinternen Rating könnte auch das im Rahmen einer Bonitätsanalyse durch die Deutsche Bundesbank vergebene Prädikat "Notenbankfähig" den Zugang zum Kapitalmarkt für Schuldscheindarlehen erleichtern. Gerade für mittelständische Unternehmen bietet dieses einfache und kostenlose Verfahren eine Alternative zum Rating.[168]

In Einzelfällen können möglicherweise auch ein aus Investorensicht besonders attraktives Risiko-Rendite-Profil sowie ein bekannter und attraktiver Unternehmensname des Emittenten eine eingeschränkte Bonität wettmachen.[169] Unternehmen mit hoher Bonität und einer ausgezeichneten Reputation dürften es deutlich leichter haben, ein Schuldscheindarlehen zu platzieren und dabei möglicherweise auch noch das angebotene Risiko-Rendite-Profil zu ihren Gunsten auszugestalten.

Ein Nachteil ist, dass trotz der grundsätzlichen Möglichkeit zum Handel des Schuldscheindarlehens auf dem Sekundärmarkt der Handel aufgrund des begrenzten Investorenkreises anders als bei der Anleihe nur beschränkt möglich ist.[170] Kritisch ist auch das Fehlen einer laufenden Tilgung zu sehen, da für eine Einmaltilgung rechtzeitig eine ausreichende Anschlussfinanzierung sichergestellt werden muss bzw. bei einer Rückführung der Mittelaufnahme bis zum Tilgungszeitpunkt Liquidität vorgehalten werden muss, die im Regelfall nur zu schlechteren Konditionen angelegt werden kann als gleichzeitig Zinsaufwendungen anfallen. Ferner ist die im Vergleich zum klassischen Bankkredit

---

[163] Vgl. *Grunow/Figgener* (2006), S. 171.
[164] Vgl. *Arndt* (2011), S. 20.
[165] Vgl. *Grunow/Figgener* (2006), S. 173.
[166] Vgl. *PWC* (2011), S. 60.
[167] Vgl. *Grunow/Figgener* (2006), S. 172.
[168] Vgl. *Deutsche Bundesbank* (2010).
[169] Vgl. *Grunow/Figgener* (2006), S. 171.
[170] Vgl. *Grunow/Figgener* (2006), S. 169.

geringere Flexibilität bei erforderlichen Vertragsanpassungen zu nennen. Dies ist insbesondere dann ein Problem, wenn das emittierende Unternehmen zu dem Investor keine bewährten Beziehungen hat bzw. diesen nach erfolgter Abtretung und Weiterveräußerung möglicherweise gar nicht kennt. Auch steht das emittierende Unternehmen oftmals professionellen Kapitalgebern gegenüber, die sich auf ihre Bedürfnisse zugeschnittene Veto- und Sonderkündigungsrechte einräumen lassen und dabei dem Unternehmen wenig Verhandlungsspielraum zugestehen.

4. Platzierung des Schuldscheindarlehens

Zu den wichtigsten Faktoren für die erfolgreiche Platzierung eines Schuldscheindarlehens gehören zunächst eine an den Erfordernissen des Unternehmens und den Gegebenheiten im Markt ausgerichtete Strukturierung sowie die Auswahl eines passenden Emissionszeitpunktes. Auch sollte durch die begleitende Bank geprüft werden, ob zum angestrebten Emissionszeitpunkt möglicherweise konkurrierende Emission erfolgen.

Der Vermarktungsprozess kann durch das Festlegen einer Preisspanne verbessert werden, wenn von einer ausreichend starken Nachfrage ausgegangen werden kann. Dies ist insbesondere bei Anschlussfinanzierungen eines Schuldscheindarlehens denkbar, wenn die beteiligten Parteien einander bereits kennen. Daneben kann die Emission in mehrere Teilbeträge und Tranchen mit unterschiedlichen Zins- und Tilgungsstrukturen sowie Laufzeiten aufgeteilt werden, um den Kapitalanlagebedarf einer größeren Anzahl von Investoren optimal zu treffen. Ein aussagefähiges Emittentenprofil ist ein weiterer Erfolgsfaktor. Durch das Vorhalten der Unterlagen in englischer Sprache können darüber hinaus möglicherweise auch ausländische Investorenkreise angesprochen werden.

Der Platzierungsprozess eines Schuldscheindarlehens beträgt üblicherweise zwei bis drei Monate. Die nachfolgende Abbildung zeigt die wesentlichen Schritte:

Ablauf und Zeitplan für die Platzierung eines Schuldscheindarlehens								
Woche	1	2	3	4	5	6	7	8
Vorbereitungsphase								
Ausarbeitung Struktur	■							
Festlegung Term Sheet		■						
Vermarktungsphase								
Erstellung Emittentenprofil		■						
Versand Angebotsschreiben				■				
Optional: Investorenmeeting					■			
Platzierung der Tranchen						■		
Dokumentation								
Erstellung Vertragsdokumentation			■	■				
Abstimmung Dokumentation mit Emittent					■			
Versand Dokumentation an Investoren						■		
Vertragsunterzeichnung, Auszahlung							■	■

Abbildung 19: Zeitplan für die Platzierung eines Schuldscheindarlehens[171]

5. Zwischenfazit

Die Nutzung von Schuldscheindarlehen bietet auch kleineren mittelständischen Unternehmen die Chance, ihre Finanzierung um eine Quelle für größere Volumina als Alternative zum klassischen Bankkredit zu erweitern. Zwar erfordert auch ein Schuldscheindarlehen Transparenz und ohne Rating dürfte das Einwerben größerer Beträge kaum möglich sein. Andererseits bietet es im Vergleich zur Mittelstandsanleihe eine preisgünstige und in der Gestaltung flexible Alternative für die Fremdfinanzierung, die auch geringere Emissionsvolumen gestattet und mit geringerem administrativem Aufwand bewältigt werden kann. Zudem bietet der Einsatz von Schuldscheindarlehen dem Unternehmen die Möglichkeit, erste Erfahrungen im Umgang mit dem Kapitalmarkt und professionellen Investoren zu sammeln.

Eine preisgünstige Finanzierungsquelle dürften Schuldscheine aber nur dann sein, wenn das Unternehmen über eine solide Bilanz verfügt und nachhaltig positive Ertragsaussichten vorweisen kann. Ähnlich wie bei Mittelstandsanleihen dürften hier insbesondere Unternehmen, die aus Investorensicht ein attraktives Risiko-Rendite-Profil bieten, im Vorteil sein.

Denkbar wäre, dass Schuldscheindarlehen zukünftig verstärkt zu Portfolien zusammengefasst, anschließend verbrieft und ihrerseits am Kapitalmarkt gehandelt werden.[172] Hier drängen sich Parallelen zum nachfolgend behandelten Mezzaninekapital auf.

---

[171] Eigene Darstellung.
[172] So hat beispielsweise die WestLB mit SCHULDSCHEINproM ein solches Verbriefungsprogramm aufgelegt, bei dem gezielt Unternehmen mit einem Jahresumsatz ab 20 Mio. EUR und einem Finanzierungsbedarf zwischen 1 Mio. und 10 Mio. EUR angesprochen werden.

V. Hybride Finanzierungsinstrumente / Mezzaninekapital

1. Charakteristika mezzaniner Finanzierungsinstrumente

Unter dem Begriff "Hybride Finanzierungsinstrumente" werden Finanzierungsinstrumente verstanden, die eine Mischung zwischen Eigen- und Fremdkapital darstellen. Sie werden auch als Mezzaninekapital[173] bezeichnet. Ihrer Natur nach handelt es sich bei hybriden Finanzierungen um Fremdkapital mit erhöhter Risikobereitschaft, das zahlreiche Kreditelemente aufweist, zum Ausgleich des erhöhten Risikos aber zusätzlich mit eigenkapitaltypischen Elementen ausgestattet ist. Als hybride Finanzierungsformen gelten insbesondere die Stille Gesellschaft[174] (in ihren Ausprägungen typisch und atypisch stille Gesellschaft), Genussrechte, Wandel- und Optionsanleihen und das kreditorientierte Private Equity (hier insb. in der Ausprägung als Nachrangdarlehen).[175, 176]

Mezzaninekapital kommt vorwiegend dann zum Einsatz, wenn der Finanzierungsbedarf nicht allein durch erstrangiges Fremdkapital aufgebracht werden kann (Deckung von Finanzierungslücken) oder dies nur zu überdurchschnittlich hohen Risikoprämien erhältlich ist, die Zufuhr weiteren Eigenkapitals nicht im Interesse der bisherigen Eigentümer liegt, genügend Cash Flow-Potential für eine höhere Verschuldung des Unternehmens vorhanden ist (Leveraging), ausreichendes realisierbares Wachstum zu erwarten ist, keine relevante Mitbestimmung durch externe Kapitalgeber gewollt ist oder keine Verdünnung des Eigenkapitals eintreten soll.[177]

Die wesentlichen Merkmale mezzaniner Finanzierungsinstrumente sind (1) ihre Nachrangigkeit gegenüber anderem Fremdkapital bei gleichzeitiger Vorrangigkeit gegenüber dem Eigenkapital, (2) höhere Kapitalkosten als andere Formen von Fremdkapital, (3) häufig die Ausstattung mit seinem sog. Kicker (dazu im Folgenden mehr), (4) eine zeitlich befristete Überlassung, (5) flexible Ausgestaltungsmöglichkeiten bei den Vertragskonditionen, (6) das Fehlen von Sicherheiten, und (7) unterschiedlich stark ausgeprägte Kontroll-, Informations- und Vetorechte, deren Umfang in den Vertragskonditionen im Detail festgelegt wird.[178]

Innerhalb des Mezzaninekapitals kann weiter in eigenkapitalähnliches und fremdkapitalähnliches Mezzaninekapital unterschieden werden. Eigenkapitalähnliche Formen werden als Equity Mezzanine oder Junior Mezzanine, fremdkapitalähnliche Formen als Debt Mezzanine oder Senior Mezzanine

---

[173] Mezzanine = von Mezzanino: Zwischengeschoss zwischen zwei Hauptstockwerken. Die Begriffe Hybridkapital und Mezzaninekapital werden in der vorliegenden Arbeit gleichbedeutend verwendet.
[174] Vgl. §§ 230-236 HGB.
[175] Vgl. *Grunow/Figgener* (2006), S. 191; *PWC* (2011), S. 14; *Stirtz* (2007), S. 15 f.
[176] *Stirtz* (2007), S. 16, zählt auch Verkäuferdarlehen (Vendor loan) zum Mezzaninekapital. Dieser Ansicht wird hier nicht gefolgt, da nicht der Anlass der Kapitalüberlassung, sondern die Ausgestaltungsmerkmale das betreffende Instrument als Mezzanie- oder sonstiges Fremdkapital qualifizieren.
[177] Vgl. *Grunow/Figgener* (2006), S. 242; *Mittendorfer* (2007), S. 148.
[178] Vgl. *Zantow/Dinauer* (2011), S. 44; *Stirtz* (2007), S. 17 ff.

bezeichnet. Die Unterscheidung zwischen Senior und Junior erfolgt anhand der Rangfolge im Insolvenzfall: Senior Mezzanine ist vorrangig gegenüber Junior Mezzanine; beide liegen aber hinter dem vorrangigem Fremdkapital und dem nachrangigen Eigenkapital. Zur Beurteilung kommt es auf die einzelnen vertraglichen Bedingungen an.[179] Daneben wird zwischen Individual-Mezzanine und Standard-Mezzanine unterschieden. Bei Standard-Mezzanine werden in einem Fonds verschiedene gleichartig ausgestaltete Mezzaninefinanierungen zusammengefasst, was aus Investorensicht eine Risikodiversifikation gewährleisten soll. Dagegen handelt es sich bei Individual-Mezzanine immer um für einen konkreten Einzelfall gestaltete Finanzierungen.[180]

Mezzanine Finanzierungsinstrumente umfassen im Regelfall zwei unterschiedliche Rendite- bzw. Verzinsungskomponenten. Die erste Komponente ist die Zinskomponente, welche wahlweise in einen fixen und einen erfolgsabhängigen Teil ausgestaltet werden kann. Während der fixe Teil der Zinskomponente meist laufend fällig wird, wird der erfolgsabhängige Teil erst bei Erreichen bestimmter Ziele, oftmals am Ende der Laufzeit, fällig. Bei der zweiten Komponente handelt es sich um den sog. Kicker. Der Kicker wird entweder als Equity Kicker oder als Non Equity Kicker ausgestaltet. Equity Kicker gewähren dem Kapitalgeber Rechte auf eine Beteiligung am Eigenkapital zu im Voraus festgelegten Bedingungen, beispielsweise durch ein Optionsrecht auf den Erwerb von Unternehmensanteilen oder durch ein Wandlungsrecht des Mezzaninekapitals in Eigenkapital. Non Equity Kicker sind dagegen Prämienzahlungen an den Kapitalgeber bei Fälligkeit des Mezzaninekapitals (Back-end fee's), deren Höhe in Abhängigkeit von einer Erfolgsgröße wie dem Unternehmenswert oder Ertragskennziffern stehen.[181] Den Zusammenhang zwischen den einzelnen Vergütungsbestandteilen und der Dauer der Kapitalüberlassung soll die nachfolgende Abbildung verdeutlichen.

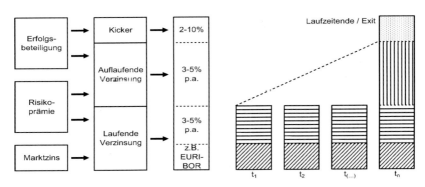

Abbildung 20: Vergütungsbestandteile von Mezzaninekapital im Zeitablauf [182]

---

[179] Vgl. *Zantow/Dinauer* (2011), S. 44 f.
[180] Vgl. *PWC* (2011), S. 15.
[181] Vgl. *Zantow/Dinauer* (2011), S. 45 f.; *Stirtz* (2007), S. 17.
[182] Nach *Stirtz* (2007), S. 18, mit eigenen Ergänzungen.

Anlässe für die Aufnahme von Mezzaninekapital sind z.B. die Finanzierung internen und externen Wachstums, die Verbesserung des Unternehmensratings durch Stärkung des wirtschaftlichen Eigenkapitals, die Diversifizierung der Finanzierungsquellen und damit verbunden die Unabhängigkeit von Banken, die Demonstration der Kapitalmarktreife des Unternehmens oder die Ablösung bestehender Finanzierungen.[183]

Die hohe Flexibilität in der Ausgestaltung von Mezzaninekapital darf nicht darüber hinwegtäuschen, dass auch Mezzaninekapital nur eines von vielen Finanzierungsinstrumenten darstellt und vor seiner Verwendung wie jedes andere Finanzierungsinstrument in seine einzelnen Bestandteile zerlegt und anhand dieser in Abstimmung mit den übergeordneten strategischen Zielen des Unternehmens und seiner Eigentümer auf seine Eignung geprüft werden muss.[184]

Mezzaninekapital ist nicht mit Private Debt gleichzusetzen, da es sich bei Mezzaninekapital um eine Kapitalform handelt, während Private Debt eine Finanzierungsart darstellt. Darüber hinaus existieren Private Debt-Instrumente, die nicht mezzaniner Natur sind, wie beispielsweise das Schuldscheindarlehen im Rahmen einer Privatplatzierung (Private Placement).[185] Die fehlende gesetzliche Definition der Begriffe Hybrid- bzw. Mezzaninekapital führt dazu, dass unter diesen Oberbegriffen eine sehr weit gespannte Bandbreite von Finanzierungsinstrumenten in unterschiedlichen Ausprägungen subsumiert werden kann. Die folgenden Ausführungen müssen sich daher auf eine zusammenfassende Umschreibung der eingangs erwähnten Ausprägungen beschränken.

2. Volumen, Konditionen und Ausstattungsmerkmale

Mezzaninekapital bezeichnet ein breites Spektrum unterschiedlicher Spielarten von individualisierbaren Finanzierungsinstrumenten. Richtig eingesetzt kann Mezzaninekapital auch bei mittelständischen Unternehmen als eine paßgenaue Finanzierungsform zur Lösung spezifischer Herausforderungen verwendet werden.[186]

Mezzaninekapital steht bereits in geringen Beträgen ab 500.000 EUR zur Verfügung. Wegen des mit der Vergabe verbundenen Prüfprozesses werden Volumen erst ab einer Größenordnung von 5 Mio. EUR wirtschaftlich attraktiv. Eine Obergrenze gibt es theoretisch nicht. Gleichwohl wird der wirtschaftlich sinnvolle Einsatz von Mezzaninekapital durch seine hohen Kosten limitiert, so dass es immer nur einer von mehreren Finanzierungsbestandteilen sein dürfte.

---

[183] Vgl. *Finance* (2010), S. 15.
[184] Vgl. *Grunow/Figgener* (2006), S. 193.
[185] Vgl. *Achleitner/von Einem/von Schröder* (2004), S. 47.
[186] Vgl. *Grunow/Figgener* (2006), S. 201 f.

Mezzaninekapital ist während der fest vereinbarten Laufzeit aufgrund seines eigenkapitalergänzenden Charakters häufig zunächst tilgungsfrei. Die Laufzeit bewegt sich in einer Bandbreite zwischen 3 und 10 Jahren. Vorfristige Kündigungsrechte sind eher unüblich, da eine besondere Funktion des Mezzaninekapitals ja gerade in der Übernahme von Risiko besteht. Außerordentliche Kündigungsrechte sind denkbar bei der fehlenden Einhaltung wirtschaftlicher Kennzahlen, im Insolvenzfall oder dem Eintritt eines bestimmten auslösenden Ereignisses, z.B. bei Change-of-Control-Klauseln.

Die Verzinsung von Mezzaninekapital besteht, wie bereits ausgeführt, im Regelfall aus einer fixen und einer variablen Komponente. Aufgrund der erhöhten Risikoübernahme erwarten Kapitalgeber von Mezzaninekapital deutlich höhere Renditen. Diese liegen, je nach Einzelfall, in einer Bandbreite zwischen 10% und 25%, im Einzelfall auch möglicherweise deutlich darüber.[187] Auch bei Mezzaninekapital hängt die Höhe der zu zahlenden Risikoprämie maßgeblich von der Attraktivität des Risiko-Rendite-Profils ab. Aufgrund der Tatsache, dass bei mezzaninen Finnanzierungen das Risiko im Mittelpunkt steht, gewinnen das Rating und die Finanzplanung des Unternehmens besondere Bedeutung.[188]

Bei einer Mezzaninefinanzierung fallen, insbesondere für die erforderliche Prüfung, die umfassende und auf die individuellen Bedürfnisse abgestimmte Vertragsgestaltung, eine gegebenenfalls erforderliche Unternehmensbewertung zu Beginn und zum Ende der Finanzierung sowie das Erstrating, einmalige Nebenkosten von ca. 5% an.

Sofern die Mezzaninefinanzierung einen Equity Kicker als Vergütungsbestandteil vorsieht, kommt der Ausgestaltung der Finanzierungsverträge aus rechtlicher und steuerlicher Sicht besondere Bedeutung zu. Neben der Festlegung der Rangfolge im Insolvenzfall ist insbesondere die Art, welche Anteile der Kapitalgeber als Equity Kicker vom Unternehmen erhält, von Bedeutung. Aus steuerlichen Gründen wird er daran interessiert sein, diese nicht als Zinserträge, sondern möglichst als steuerfreie Gewinne aus der Veräußerung von Anteilen an einer Kapitalgesellschaft vereinnahmen zu können (§ 8b KStG). Weitere Bedeutung haben die Kündigungsregeln, anhand derer sich entscheidet, ob das Finanzierungsinstrument als bilanzielles Eigenkapital, z.B. im Sinne von IAS 32, qualifiziert werden kann.[189] Um die Höhe des Unternehmenswertes und daraus abgeleitet den Wert der ihm zustehenden Vergütung ermitteln zu können, sollten bereits bei der Vertragsgestaltung das zur Anwendung kommende Verfahren zur Unternehmensbewertung und die bewertungsrelevanten Parameter festgelegt werden.

---

[187] Vgl. *Grunow/Figgener* (2006), S. 244; *Stirtz* (2007), S. 50.
[188] Vgl. *Grunow/Figgener* (2006), S. 202.
[189] Vgl. *Grunow/Figgener* (2006), S. 245.

3. Vor- und Nachteile mezzaniner Finanzierungsinstrumente

Als einer der wesentlichsten Vorteile des Einsatzes mezzaniner Finanzierungsinstrumente ist zunächst die sehr hohe Flexibilität bei der Gestaltung der Vertragsbedingungen und Konditionen zu nennen. Kontroll-, Mitsprache- und Vetorechte, Kündigungsmöglichkeiten, Laufzeiten, Vergütung und Rückzahlungsmodalitäten können so ausgestaltet werden, dass die Interessen beider Parteien angemessen berücksichtigt werden. Dadurch kann das Instrument an die individuelle Finanzierungssituation des Unternehmens angepasst werden. Mezzaninekapital verbessert bei einer Qualifizierung als wirtschaftliches oder bilanzielles Eigenkapital die Bilanzstruktur und schafft dadurch die Möglichkeit zur Aufnahme weiteren Fremdkapitals. Dies dürfte sich positiv auf die Bonitätsnote des Unternehmens im Ratingprozess auswirken. Da im Regelfall auch keine Sicherheiten zu stellen sind, wird gleichzeitig der Kreditspielraum erweitert. Auch führt die Aufnahme nicht unmittelbar und später u.U. nur eingeschränkt zu einer Veränderung in der Eigentümerstruktur des Unternehmens.[190]

Weitere Vorteile liegen in der Möglichkeit zum rechtsform- und branchenunabhängigen Einsatz, wodurch Mezzaninekapital auch solchen Unternehmen zur Verfügung steht, denen der Zugang zum Kapitalmarkt aus anderen Gründen verschlossen ist. Bei entsprechender Ausgestaltung der Vertragsbedingungen besteht die Möglichkeit, die Zinszahlungen als Fremdkapital im Rahmen der steuerlichen Gewinnermittlung abziehen zu können, obwohl ja in der handelsrechtlichen Rechnungslegung das aufgenommene Kapital zum Eigenkapital gezählt wird. Darüber hinaus kann das aufnehmende Unternehmen auch am Know how des Kapitalgebers durch Managementunterstützung und Nutzung der Ergebnisse der Due Dilligence partizipieren (Smart Money).[191] Mezzaninekapital bietet nicht nur eine Pufferfunktion zwischen Eigen- und Fremdkapital. Es kann auch liquiditätsschonend ausgestaltet werden, wenn die fixen Zinszahlungen zugunsten einer vom Unternehmenswert abhängigen Vergütungskomponente niedriger ausfallen als bei reinem Fremdkapital.[192]

Wie bei anderen Finanzierungsinstrumenten, sind mit mezzaninen Finanzierungen naturgemäß auch Nachteile verbunden. Der Zugang zu Mezzaninekapital erfordert zunächst einen hohen Prüfungsaufwand, der vom Unternehmen Offenheit und Transparenz verlangt. Auch ist die Komplexität der Vertragsgestaltung eine Kehrseite von Flexibilität und Individualität. Da die erfolgsabhängige Vergütung meistens einen wesentlichen Teil der Gesamtvergütung ausmacht, werden seitens der Kapitalgeber hohe Anforderungen an die Zuverlässigkeit der mittel- und langfristigen Finanzplanung gestellt. Ein weiterer Nachteil liegt in der im Vergleich zu anderen Fremdkapitalformen hohen Verzinsung, welche durch die fehlende Besicherung und das höhere Risiko der Investoren begründet ist. Dies führt aber gleichzeitig dazu, dass nur solche Unternehmen Zugang zu Mezzaninekapital

---

[190] Vgl. *Grunow/Figgener* (2006), S. 243; *Stirtz* (2007), S. 46 f.
[191] Vgl. *Stirtz* (2007), S. 47.
[192] Vgl. *Müller/Brackschulze/Mayer-Friedrich* (2011), S. 237 f.

haben, bei denen die Kapitalgeber einen überdurchschnittlichen Gewinn erwarten können, um eine entsprechend hohe Gesamtrendite auf ihr Engagement zu erzielen. Unternehmen mit einer schwachen Gesamtkapitalrendite wird daher Mezzaninekapital oft nicht zur Verfügung stehen.[193]

4. Schwierigkeiten bei der Refinanzierung von Mezzaninekapital

Auch Mezzaninefinanzierungen sind zeitlich befristet und unterliegen damit wie andere Formen der Fremdfinanzierung einem allgemeinen Prolongationsrisiko am Ende der vereinbarten Laufzeit.[194] Dieser Refinanzierungsbedarf stellt viele Unternehmen aktuell vor erhebliche Herausforderungen. In einem sehr günstigen Finanzierungsumfeld wurden in den Jahren 2004 bis 2007 verschiedene Mezzanineprogramme als verbriefte Portfolien aufgelegt, die in den Jahren bis 2014 auslaufen. Ursprünglich wurde davon ausgegangen, dass sich Mezzaninefinanzierungen am Markt etablieren würden und so auch Anschlussfinanzierungen möglich seien. Diese Erwartungen wurden jedoch nicht bestätigt. Zum Einen lagen die Ausfälle deutlich höher als erwartet, was das Investorenvertrauen negativ beeinträchtigte, zum Anderen führte die weltweite Finanzkrise seit dem Jahr 2009 zu erheblichen Platzierungsschwierigkeiten am Markt für verbriefte Forderungen.[195] Somit steht den Unternehmen Mezzaninekapital zum gegenwärtigen Zeitpunkt für eine Refinanzierung nicht oder nur in Einzelfällen zur Verfügung.

Hier erweist sich der eigentliche Vorteil von Mezzaninekapital, nämlich die erhöhte Risikobereitschaft, als Achillesferse. Denn bei der Refinanzierung stehen die Unternehmen vor dem Problem, dass sich bei Wegfall des Mezzaninekapitals ihr wirtschaftliches und bilanzielles Eigenkapital sowie daran anschließend ihre Bonitätsbeurteilungen und Ratingnoten verschlechtern. Dies wird in einem schwierigen wirtschaftlichen Umfeld durch eine nachlassende Ertragskraft und sich verschlechternde Rentabilitäts- und Liquiditätskennziffern noch verstärkt. Eine Anschlussfinanzierung wird, im Zusammenspiel mit den durch Basel III hervorgerufenen Beschränkungen in der Kreditvergabe durch die Banken, für Unternehmen mit einem Rating unterhalb von Investment Grade daher schwierig.[196] Wenn es dem Unternehmen nicht gelingt, sich ausreichend andere Finanzierungsquellen zu erschließen, kann sich daraus – trotz eines möglicherweise intakten operativen Geschäftsmodells – eine existenzbedrohende Schieflage entwickeln.

Diese Gefahr unterstreicht einmal mehr die Wichtigkeit einer stabilen, ausgewogenen und auf mehrere Quellen diversifizierten Finanzierungsstruktur. Im Rahmen der strategischen Finanzplanung sollte daher immer auch die erforderliche Anschlussfinanzierung berücksichtigt und eine alternative

---

[193] Vgl. *Grunow/Figgener* (2006), S. 244; *Stirtz* (2007), S. 47 f.; *Müller/Brackschulze/Mayer-Friedrich* (2011), S. 238.
[194] Vgl. *Müller/Brackschulze/Mayer-Friedrich* (2011), S. 238.
[195] Vgl. *Finance* (2010), S. 6 f.; *PWC* (2011), S. 51.
[196] Vgl. *PWC* (2011), S. 51, 85.

Finanzierungsmöglichkeit offen gehalten werden. In Betracht kommen dabei z.B. Mittelstandsanleihen und Schuldscheindarlehen.[197]

5. Platzierung von Mezzaninekapital

Die Platzierung einer Mezzaninefinanzierung erfolgt in fünf Phasen. Der Prozess beginnt mit der Vorprüfung des Unternehmens durch die potentiellen Investoren. Nimmt das Unternehmen diese erste Hürde, schließt sich eine detaillierte Prüfungsphase an. Während ihr wird dem Unternehmen Gelegenheit gegeben, sich den potentiellen Kapitalgebern zu präsentieren. Dabei werden die vergangenheits- und zukunftsbezogenen Daten des Unternehmens eingehender analysiert und zusätzlichen Stressanalysen (Best Case- und Worst Case-Szenarien) unterzogen. In der Entscheidungsphase wird das Unternehmen einer Due Diligence-Prüfung und einem Rating unterzogen. Im Anschluss daran erfolgen während der Verhandlungsphase ein Finetuning des Finanzierungskonzepts sowie die Ausarbeitung detaillierter Finanzierungsbedingungen (Term sheet) einschließlich des Finanzierungsvertrags. In der anschließenden Post-Investment-Phase muss das Unternehmen entsprechend der vereinbarten Finanzierungsbedingungen ein Reporting nach den Anforderungen der Kapitalgeber gewährleisten, damit diese ihr Investment überwachen können. Der Platzierungsprozess nimmt bei einem kapitalmarktreifen Unternehmen in der Regel einen Zeitraum von zehn Wochen in Anspruch.

Ablauf und Zeitplan für die Platzierung einer Mezzaninefinanzierung										
Woche	1	2	3	4	5	6	7	8	9	10
Vorprüfungsphase										
Vorprüfung Unternehmensinformationen	■									
Pre-Rating	■									
Detaillierte Prüfungsphase										
Detaillierte Unternehmenspräsentation		■								
Vertiefte Unternehmensanalyse, Stressanalyse		■	■							
Ausarbeitung zentraler Finanzierungsbedingungen			■							
Entscheidungsphase										
Due Diligence				■	■	■				
Ratingprozess				■	■	■				
Verhandlungsphase										
Überarbeitung Planungsszenarien							■			
Finetuning Finanzierungskonzept							■	■		
Ausarbeitung detailliertes Term Sheet							■	■		
Vertragsabschluss									■	
Auszahlung										■
Post-Investmentphase										
Laufendes Reporting										→
Rückzahlung und Exit am Laufzeitende										→

Abbildung 21: Zeitplan für die Platzierung einer Mezzaninefinanzierung[198]

---

[197] Vgl. *PWC* (2011), S. 60, 77.
[198] Eigene Darstellung, nach *Stirtz* (2007), S. 44.

6. Zwischenfazit

Mezzaninekapital zeichnet sich durch seine hohe Flexibilität in der Gestaltung und der teilweisen Anerkennung als Eigenkapital, aber auch durch deutlich höhere Kosten aus. Abgesehen von der offenen Frage der Refinanzierung scheinen die Unternehmen in der Vergangenheit unterschiedliche Erfahrungen mit Mezzaninekapital gemacht zu haben, und der Kosten-Nutzen-Effekt wird hinsichtlich der nur teilweisen Anerkennung als Eigenkapital bei gleichzeitigen Kosten von deutlich über 10% verhalten beurteilt.[199]

Mezzaninekapital bietet daher für mittelständische Unternehmen zwar grundsätzlich einen interessanten Baustein in der Unternehmensfinanzierung. Dieser wird jedoch hauptsächlich für Unternehmen in Sondersituationen infrage kommen, die die vom Kapitalmarkt geforderte Qualität nicht oder nur teilweise vorweisen können.

---

[199] Vgl. *Finance* (2010), S. 26.

F. Folgen und Effekte einer kapitalmarktorientierten Finanzierung

I. Gesetzlich bedingte Folgen

1. Handels- und gesellschaftsrechtliche Folgen

Unter handels- und gesellschaftsrechtlichen Folgen sind diejenigen Folgen zu subsumieren, die ihre Ursache in der Rechnungslegungspflicht des Unternehmens und der Nutzung einer bestimmten Rechtsform haben. Sie resultieren also nicht primär aus der Nutzung einer kapitalmarktorientierten Finanzierung. Zu nennen sind hier die handelsrechtlichen Rechnungslegungs-, Prüfungs- und Offenlegungspflichten des HGB und ergänzend des Publizitätsgesetzes (vgl. Anlage 4). Bedeutend sind ferner die aus der Nutzung einer bestimmten Rechtsform, insb. der Aktiengesellschaft, der Societas Europaea und der Kommanditgesellschaft auf Aktien und der Gesellschaft mit beschränkter Haftung resultierenden gesellschaftsrechtlichen Folgen. Hierzu gehören die Vorschriften des AktG und des GmbHG bei der Einrichtung der Unternehmensorgane (Vorstand, Aufsichtsrat, Hauptversammlung und deren jeweilige Kompetenzen), deren Besetzung, die an diese Rechtsformen anknüpfenden ergänzenden Vorschriften zur Rechnungslegung und Gewinnverwendung sowie zu Maßnahmen der Kapitalbeschaffung, Kapitalherabsetzung und den Abschluss von Unternehmensverträgen.

2. Kapitalmarktrechtliche Folgen

Kapitalmarktrechtliche Folgen finden sich zum Einen in Gestalt der sog. Marktzugangsfolgen. Diese basieren hauptsächlich auf gesetzlichen Vorschriften, können aber auch aus den Geschäftsbedingungen der Börsen für die Nutzung der von ihnen organisierten Märkte resultieren. Hierzu gehören aus dem Bereich der Mittelstandsmärkte beispielsweise die Verpflichtungen zur dauerhaften Veröffentlichung eines Wertpapierprospekts, eines Ratings und von Folgeratings, sowie die Veröffentlichung von Jahresabschluss, Unternehmenskalender etc. auf den Internetseiten der Gesellschaften. Weitere kapitalmarktrechtliche Folgen resultieren aus den gesetzlichen Vorschriften, denen die Kapitalgeber unterliegen. Hierzu gehören das Kreditwesengesetz, die Mindestanforderungen an das Risikomanagement der Kreditinstitute, die Solvabilitätsverordnung oder – speziell bei Versicherungen als Kapitalgeber – das Versicherungsaufsichtsgesetz.

Für Unternehmen, die Aktien oder Anleihen an einem öffentlich oder privatrechtlich regulierten Markt emittiert haben, sind ferner die Vorschriften des Wertpapierhandelsgesetzes zum Insiderrecht, zum Verbot der Marktmanipulation, die Mitteilungs- und Veröffentlichungspflichten bei Veränderungen von Stimmrechtsanteilen sowie die Vorschriften über die Zulassungsfolge- und Finanzberichtspflichten von Bedeutung.

II. Vertraglich bedingte Folgen

Die vertraglich bedingten Folgen einer kapitalmarktorientierten Finanzierung resultieren aus den zwischen den Vertragsparteien ausgehandelten Bedingungen für die Nutzung des jeweiligen Finanzierungsinstrumentes. Vertraglich bedingte Folgen können insbesondere in der Verpflichtung zur Einhaltung eines konkreten Mittelverwendungszwecks, den zu leistenden Zins- und Tilgungsverpflichtungen, bestimmten Verhaltensverpflichtungen und Auflagen, der Stellung und Vorhaltung von Sicherheiten sowie Kündigungsrechten bestehen. Zu den Verhaltenspflichten und Auflagen zählen beispielsweise Verpflichtungen zur Nichtbelastung von bestimmten Vermögenswerten, einer Begrenzung bei der Aufnahme von neuen finanziellen Verbindlichkeiten, Beschränkungen bei der Gewinnausschüttung an die (Alt-)Eigentümer, dem Umfang und den Veröffentlichungszeitpunkten von finanziellen Informationen (Einzel- und Konzernabschlüsse, Quartalsberichte, ggf. auch der kurz-, mittel- und langfristigen Finanzplanung, Monatsberichte des internen Berichtswesens) und die Gewährung von Auskunfts- und Einsichtsrechten. Darüber hinaus können auch die Einhaltung bestimmter Finanzkennzahlen wie Netto-Verschuldungsgrad, Zinsdeckungsgrad, Schuldendienstdeckungsgrad oder die Limitierung von Investitionen Bestandteile vertraglicher Vereinbarungen bzw. Anleihebedingungen sein. Zusicherungen und Garantien werden hinsichtlich des Bestehens oder Nichtbestehens konkreter wirtschaftlicher, rechtlicher oder faktischer Umstände gegeben. Insgesamt werden die Dispositions- und Gestaltungsmöglichkeiten der Unternehmensleitung durch die zu beachtenden Vereinbarungen eingeschränkt.[200]

Zu berücksichtigen ist auch, dass im Krisenfall die Gläubiger des Unternehmens einer Umstrukturierung der ausgegebenen Finanzierungsinstrumente wie beispielsweise einem teilweisen Forderungsverzicht, der Aussetzung von Zins- und Tilgungsdienst oder einem Debt to Equity-Swap, zustimmen müssen. Weitere denkbare Fälle können § 5 Abs. 3 SchVG entnommen werden. Sofern in den Vertragsbedingungen nichts anderes bestimmt wurde, ist hierfür im Regelfall die Zustimmung aller Gläubiger erforderlich. Dies macht das Unternehmen in der Krise gegenüber Gläubigern, die auf bessere Konditionen spekulieren, anfällig. Die Vertragsbedingungen sollten daher bereits bei der Emission des jeweiligen Instruments so strukturiert werden, dass für Änderungen keine einstimmigen Beschlüsse erforderlich sind, sondern qualifizierte Mehrheiten zur Beschlussfassung ausreichen. Im

---

[200] Vgl. *Mittendorfer* (2007), S. 195 ff.

Notfall steht die Unternehmensleitung dann nicht unter dem zusätzlichen Druck, eine Einigung unter allen Gläubigern herbeiführen zu müssen.

III. Faktisch bedingte Folgen

Gesetzliche und vertraglich bedingte Folgen sind konkret vorgeschrieben. Demgegenüber stehen die faktisch bedingten Folgen einer kapitalmarktorientierten Finanzierung, deren Identifikation und Beurteilung oftmals nur anhand subjektiver Kriterien erfolgen kann. Die faktischen Folgen lassen sich in zwei Blöcke unterteilen, nämlich Transparenz und Kommunikation sowie Unabhängigkeit und Flexibilität.[201]

Transparenz und Kommunikation bieten die Vorteile, dass durch die Öffnung des Zugangs zum Kapitalmarkt dem Unternehmen neue Finanzierungsquellen erschlossen werden können. Durch die gezielte Ansprache von Investoren kann das Unternehmen seinen Bekanntheitsgrad steigern, diesen zu Marketingzwecken einsetzen und sich besser von der Konkurrenz differenzieren. Zwingend erscheint bei einer Kapitalmarktnutzung der Ausbau der Bereiche Finanzen, Rechnungswesen, Recht und Kommunikation. Allerdings werden dadurch die Organisation des Unternehmens und die Struktur der Entscheidungsprozesse komplizierter, was mit zusätzlichen Kostenbelastungen verbunden ist. Derartige Strukturen sind nur dann sinnvoll, wenn die Finanzierung über den Kapitalmarkt langfristig in Anspruch genommen werden soll. Dies gilt auch für die mit der Kapitalmarktnutzung verbundenen faktischen Kommunikationspflichten, die über den gesetzlich vorgeschriebenen Umfang der Rechnungslegung und Offenlegung hinausgehen und ohne die eine Ansprache potentieller Investoren nicht möglich ist.

Der zweite Block umfasst die Folgen hinsichtlich der Unabhängigkeit und Flexibilität des Unternehmens, der Unternehmensleitung und der Eigentümer. Zunächst einmal bietet die Erschließung neuer, zusätzlicher Finanzierungsquellen dem Unternehmen höhere Unabhängigkeit gegenüber einzelnen Kapitalmärkten und -gebern. Dadurch kann die gesamte Finanzierung hinsichtlich ihrer strukturellen Zusammensetzung und zeitlichen Streckung besser an die Bedürfnisse des Unternehmens angepasst werden. Werden Anleihen emittiert, so sind damit im Vergleich zum klassischen Hausbankkredit oder einem syndizierten Kredit oftmals weniger Sicherheiten und Auflagen erforderlich. Auch verhindert die Anonymität der Investoren während der Laufzeit eine unerwünschte Einflussnahme, vorausgesetzt Zins- und Tilgungsdienst werden pünktlich erbracht und der Anleihekurs ist stabil. Bei einem Börsengang wird dem Unternehmen dauerhaft Kapital zugeführt, was die Refinanzierung leichter machen kann und über die verbreiterte Eigenkapitalbasis die Aufnahme weiterer finanzieller Mittel

---

[201] Vgl. dazu und dem Folgenden *Achleitner/Kaserer/Günther/Volk* (2011), S. 148 ff.

ermöglicht. Zu bedenken ist bei einem Börsengang aber, dass die Erwartungen des Kapitalmarkts hinsichtlich Wachstum und Profitabilität des Unternehmens die Entscheidungen der Unternehmensleitung – trotz formaler Unabhängigkeit – beeinflussen könnten.

Mit einer kapitalmarktorientierten Finanzierung sind aber auch negative Folgen hinsichtlich Unabhängigkeit und Flexibilität verbunden. Zunächst ist das Unternehmen mit seiner Finanzierung stärker den Entwicklungen am Kapitalmarkt und dem regulatorischen Umfeld ausgesetzt. Aufgrund der oft hohen Kosten für die Aufnahme eines kapitalmarktorientierten Finanzierungsinstruments werden üblicherweise längerfristige Laufzeiten vereinbart, während derer das Unternehmen an das gewählte Instrument gebunden ist. Stellt sich die Wahl als Fehlgriff heraus, lässt sich ein solcher Fehler nur schwer und meistens nur zu hohen Kosten wieder beseitigen.

Die vom Markt geforderten Transparenz- und Kommunikationspflichten binden im Unternehmen nicht nur knappe Ressourcen. Infolge der Transparenz lässt sich das Unternehmen auch einfacher mit anderen Unternehmen vergleichen, was sich bei limitierter Liquidität am Kapitalmarkt auf den Wettbewerb um den Zugang zu Kapital auswirkt. Kann das Unternehmen die Kapitalgeber nicht dauerhaft von seiner Attraktivität überzeugen, besteht bei allen Fremdfinanzierungen am Ende der Laufzeit ein Refinanzierungsrisiko. Eine Börsennotierung birgt, neben der Verwässerung der bisherigen Eigentümerstruktur und der neuen Mitspracherechte fremder Investoren, aufgrund der mit der erforderlichen Rechtsform verbundenen formalen Anforderungen und Abstimmungserfordernisse zwischen Vorstand, Aufsichtsrat und ggf. erforderlicher Zustimmung durch die Hauptversammlung eine gewisse Schwerfälligkeit bei strategischen Unternehmensentscheidungen in sich. Dies ist gerade bei Entscheidungen unter Zeitdruck, wie Akquisitionen oder Restrukturierungen, ein Nachteil.

IV. Effekte einer kapitalmarktorientierten Finanzierung

Die Effekte einer kapitalmarktorientierten Unternehmensfinanzierung zeigen sich in den Auswirkungen, die durch die Verwendung der jeweiligen Finanzierungsinstrumente hervorgerufen werden. Diese äußern sich durch die Veränderungen absoluter Werte, Kennzahlen und Relationen, wie beispielsweise der Liquidität, der Eigen- und Fremdkapitalquote, den Liquiditätskennzahlen sowie den Kennzahlen zur Anlagendeckung oder dynamischer Kennzahlen wie Interest Cover Rate, Cash flow to Debt oder Debt to EBITDA. Solche Effekte wirken sich aber nicht nur auf die aktuelle Unternehmenssituation, sondern auch zukunftsbezogen aus. So sind die materiellen Finanzierungseffekte im Rahmen der Finanzplanung zu berücksichtigen, beispielsweise bei der Cash flow- und Liquiditätsplanung, Investitionsplanung, Finanzierungsplanung (Tilgung oder Aufnahme zusätzlicher Eigen- oder Fremdmittel, Gewinnausschüttungen) sowie dem Zinsaufwand. Bei einem erfolgreichen Unternehmen, das über ein gutes Standing am Kapitalmarkt verfügt, sind die Kapitalgeber oftmals am Aufbau neuer Geschäftsbeziehungen interessiert. Dies kann dem Unternehmen u.U. weitere interessante Optionen eröffnen.

V. Handlungsempfehlungen bei einer kapitalmarktorientierten Finanzierung

Eine erfolgreiche Unternehmensfinanzierung über den Kapitalmarkt erfordert nach der hier vertretenen Auffassung, dass sich das Unternehmen mit dem gesamten Themenkomplex umfassend beschäftigt. Dies beschränkt sich nicht nur auf die Vorbereitung der erstmaligen Inanspruchnahme des Kapitalmarkts, sondern umfasst vielmehr eine dauerhafte Auseinandersetzung mit dem Thema. Zudem sollte sich das Unternehmen ergänzend zu einem favorisierten Finanzierungsinstrument aus Sicherheitsüberlegungen heraus parallel die Möglichkeit zur Nutzung eines alternativen Finanzierungsinstruments sichern.

Das Unternehmen muss sich eine glaubwürdige und leicht nachvollziehbare Kommunikationsstrategie (Equity Story und Credit Story) erarbeiten und diese in regelmäßigen Abständen aktualisieren. Auch ohne konkreten Finanzierungsbedarf sollten Gespräche mit potentiellen Kapitalgebern wie Banken, anderen institutionellen Investoren und Privatanlegern gesucht werden und dabei deren Vorstellungen, Erwartungshaltungen und Einschätzungen zum aktuellen Finanzierungsumfeld aufgenommen und auf das eigene Unternehmen transformiert werden. Gerade bei potenten Kapitalgebern sollte persönlicher Kontakt gepflegt werden.

Auch das regulatorische Umfeld, in dem der Gesprächspartner sich bewegt, sollte beobachtet werden. Das Verständnis für die Probleme und Zwänge des Kapitalgebers erleichtert die eigene Vorbereitung. Sind diese bekannt bzw. lassen sich einschätzen, kann das kapitalsuchende Unternehmen sich bereits frühzeitig auf die daraus resultierenden Anforderungen ausrichten. Hierzu gehören beispielsweise die Herstellung der erforderlichen Rendite- und Liquiditätskennzahlen sowie die Bereithaltung einer kurzfristig verfügbaren und qualitativ aussagekräftigen Datenbasis. Das Vorhalten dieser Daten dürfte dem Unternehmen überdies die Durchführung von Folgeratings erleichtern. Auch die Identifikation potentieller Sicherheiten und eine Einschätzung deren Bewertung aus Sicht der Kapitalgeber gehören hierzu.

Bestandteil der Überwachung der Finanzierungsmärkte sind ferner die Beobachtung der für einzelne Finanzierungsinstrumente aktuell im Markt geforderten Konditionen und der Liquidität in den jeweiligen Marktsegmenten sowie deren Akzeptanz bei den Kapitalgebern. Die im vorstehenden Kapitel im Abschnitt Mezzaninefinanzierung dargestellten aktuellen Probleme bei der Refinanzierung dieses Instruments verdeutlichen die Bedeutung einer umfassenden und vorausschauenden Marktkenntnis aus Sicht des Unternehmens. Das Unternehmen sollte sich auch kritisch mit der Frage auseinandersetzen, inwieweit sich eine gewählte Form der Kapitalmarktfinanzierung als angemessen erwiesen hat. Sollten Unternehmensleitung und Eigentümer dabei zu dem Ergebnis kommen, dass die Nachteile die Vorteile – auch perspektivisch – überwiegen, muss als Option ein Rückzug von einzelnen kapitalmarktorientierten Finanzierungsinstrumenten in Erwägung gezogen werden.

G. Fazit und Ausblick

I. Fazit

Der Markt für Unternehmensfinanzierungen befindet sich im Umbruch. Davon sind zunehmend auch mittelständische Unternehmen betroffen. Es ist zu erwarten, dass die klassischen Finanzierungslösungen des deutschen Mittelstands angesichts zunehmenden Risikobewusstseins, steigender Renditeerwartungen und erhöhter regulatorischer Rahmenbedingungen seitens der Kapitalgeber zunehmend restriktiver bewilligt werden. Im Zugang zu knappen Kapital werden diejenigen Unternehmen im Vorteil sein, bei denen die Kapitalgeber ein geringes Risiko eingehen oder eine hohe Rendite erzielen können. Die klassische Hausbank wird voraussichtlich infolge eines sich zunehmend ändernden eigenen Rollenverständnisses in Zukunft den Mittelstand ab einer gewissen Größenordnung nicht mehr alleine mit den benötigen Mitteln versorgen können. Dies macht die Suche nach neuen Finanzierungslösungen erforderlich.

In den letzten Jahren haben sich am Kapitalmarkt neue Finanzierungsinstrumente etabliert, die auf die spezifischen Bedürfnisse mittelständischer Unternehmen zugeschnitten sind. Hierzu gehören insbesondere die neuen Marktsegmente für Aktien- und Anleiheemissionen, die geringere Emissionsvolumen zu attraktiven Konditionen ermöglichen. Auch stehen den Unternehmen der Zugang zu Schuldscheindarlehen und hybriden Finanzierungsinstrumenten offen, wenn sie bereit sind, sich den Anforderungen der Kapitalgeber zu stellen. Problematischer dürften dagegen Finanzierungsinstrumente sein, mit deren Nutzung Mitspracherechte neuer Kapitalgeber verbunden sind.

Mittelständischen Unternehmen steht damit grundsätzlich die Möglichkeit einer Finanzierung über den Kapitalmarkt offen. Der Markt hält für sie verschiedene Eigen- und Fremdkapitalinstrumente bereit, die einzeln oder kombiniert für eine passgenaue und zugleich diversifizierte Finanzierung des Unternehmens eingesetzt werden können. Deren Nutzung setzt aber voraus, dass das Unternehmen kapitalmarktreif ist. Die Kapitalmarktreife umfasst dabei sowohl das Unternehmen selber, als auch die Ausgestaltung der Konditionen für die nachgefragte Finanzierungsform. Nur wenn diese aus Sicht der Kapitalgeber ein attraktives Risiko-Rendite-Profil aufweist, wird dem Unternehmen eine erfolgreiche Finanzierung über den Kapitalmarkt gelingen. Von besonderer Bedeutung hierbei ist eine leistungsfähige Organisation des Unternehmens in den Bereichen Rechnungswesen, Finanzierung, Recht und Öffentlichkeitsarbeit.

Von zentraler Bedeutung dürfte auch die von den Kapitalgebern erwartete Transparenz sein. Sie umfasst nicht nur die Veröffentlichung vergangenheitsbezogener Jahresabschlüsse, sondern auch eine zeitnahe Unterrichtung über die aktuellen und erwarteten Entwicklungen im Unternehmen.

Verschwiegenheit werden sich nur solche Unternehmen leisten können, die sich unabhängig vom Kapitalmarkt finanzieren können. Unternehmen, die Transparenz nicht leisten können oder wollen, müssen fehlende Transparenz als Kostenfaktor in der Unternehmensfinanzierung erkennen. Die Bedeutung einer professionellen Finanzkommunikation wird vor diesem Hintergrund voraussichtlich zunehmen.

II. Ausblick

Der Kapitalmarkt dürfte als Plattform zur Aufnahme von Eigen- und Fremdkapital für mittelständische Unternehmen weiter an Bedeutung gewinnen. Er kann seine Funktion aber nur dann effizient erfüllen, wenn er eine kostengünstige Versorgung des Mittelstands mit Kapital in ausreichenden Mengen und zu ansprechenden Konditionen gewährleisten kann. Hier besteht das Risiko, dass Investoren sich bei einem Vertrauensverlust infolge größerer Ausfälle in einzelnen Marktsegmenten anderen Kapitalanlagen zuwenden und die verbleibenden Investoren zu hohe Renditen einfordern. Transparenz kann daher auch zur gezielten Differenzierung von anderen Wettbewerbern im Zugang um Kapital eingesetzt werden.

Vor diesem Hintergrund ist nach der hier vertretenen Auffassung zu erwarten, dass eine kapitalmarktorientierte Finanzierung hauptsächlich durch mittelständische Unternehmen genutzt werden kann, die bereit sind die erwartete Transparenz zu gewähren und die über ein solides, nachvollziehbares und tragfähiges Geschäftsmodell verfügen. Letztlich dürfte die vom Unternehmen gebotene individuelle Qualität der einzelnen Anlage, also sein individuelles Risiko-Rendite-Profil, am Kapitalmarkt entscheidend sein.

Derzeit ist nicht absehbar, ob Unternehmen die an den öffentlichen Kapitalmärkten geforderte Transparenz auf Dauer akzeptieren werden oder sich in der Zukunft vielleicht verstärkt dem nicht-öffentlichen (privaten) Kapitalmarkt zuwenden. Ein solcher Paradigmenwechsel könnte eintreten, wenn für die dort erfolgenden Transaktionen eine stärkere Vereinheitlichung in der Dokumentation und Übertragbarkeit der unterschiedlichen Finanzierungsinstrumente Einzug hält. Dann könnten die Banken, entsprechend ihrem neuen Rollenverständnis, noch stärker als Intermediäre fungieren und sich weg vom risikotragenden Kreditgeschäft auf das risikolose Provisionsgeschäft konzentrieren. Insbesondere große, international tätige Banken, die über umfangreiche Kontakte bei nach attraktiven Anlagemöglichkeiten suchenden Investoren auf der Anbieterseite und attraktiven Finanzierungsmöglichkeiten suchenden Unternehmen auf der Nachfragerseite verfügen, würden von einer solchen Entwicklung profitieren.

* * * * * * * * * * * * *

Literaturverzeichnis

Achleitner/von Einem/von Schröder (2004) = Ann-Kristin *Achleitner*, Christoph *von Einem* und Benedikt Freiherr *von Schröder*: Private Debt - alternative Finanzierung für den Mittelstand: Finanzmanagement, Rekapitalisierung, Institutionelles Fremdkapital, 1. Auflage, Stuttgart 2004.

Achleitner/Kaserer/Günther/Volk (2011) = Ann-Kristin *Achleitner*, Christoph *Kaserer*, Nina *Günther* und Sarah *Volk*: Die Kapitalmarktfähigkeit von Familienunternehmen - Unternehmensfinanzierung über Schuldschein, Anleihe und Börsengang. Studie, München 2011; Gefunden im Internet unter URL http://www.pwc.de/de/mittelstand/studie-kapitalmarktfaehigkeit-von-familienunternehmen.jhtml, Abruf am 05.03.2012.

Allianz (2012) = Allianz Global Investors Europe GmbH: Unternehmensanleihen, Studie der Reihe Kapitalmarktanalyse, Frankfurt/Main 2012. Gefunden im Internet unter URL http://www.allianzglobalinvestors.de/kapitalmarktanalyse/ publikationen/Portfolio Praxis-Unternehmensanleihen.pdf, Abruf am 26.05.2012.

Arndt (2011) = Heinz-Peter *Arndt*: Gesteuerter Geldfluss. In: Results - Das Mittelstandsmagazin der Deutschen Bank, Ausgabe 3/2011, S. 19-21. Gefunden im Internet unter URL http://www.firmenkunden.deutsche-bank.de/ docs/results_03_2011_gesamt.pdf, Abruf am 29.05.2012.

Bayerische Börse (2011) = Bayerische Börse AG: m:access - Kapitalausstattung für den Mittelstand, München 2011. Gefunden im Internet unter URL http://www.maccess.de/files/ downloads/5BOEM_012_Boerse_PP-Präsentation.pdf, Abruf vom 19.03.2012.

Bayerische Börse (2012) = Bayerische Börse AG: Regelwerk für das Marktsegment m:access an der Börse München, Stand: 11.04.2012. Gefunden im Internet unter URL http://www.bayerische-boerse.de/fileadmin/user_upload/www. boerse-muenchen.de/ downloads/m_access/120323_Regelwerk_maccess.pdf, Abruf vom 26.04.2012.

BeBiKo = Helmut *Ellrott*, Gerhart *Förschle*, Michael *Kozikowski* und Norbert *Winkeljohann* (Hrsg.): Beck'scher Bilanz-Kommentar: Handels- und Steuerbilanz, 8. Auflage, München 2011. Zitiert *Bearbeiter* in: BeBiKo.

Bösl (2004) = Konrad *Bösl*: Praxis des Börsengangs - Ein Leitfaden für mittelständische Unternehmen, 1. Auflage, Wiesbaden 2004.

Bösl/Hasler (2012) = Konrad *Bösl* und Peter Thilo *Hasler* (Hrsg.): Mittelstandsanleihen - Ein Leitfaden für die Praxis, 1. Auflage, Wiesbaden 2012.

Bosse/Windhagen (2011) = Christian *Bosse* und Ingo *Windhagen*: Die Kommanditgesellschaft auf Aktien (KGaA). In: Ernst & Young Tax & Law Magazine, Ausgabe 9/2011, S. 4-9.

Bröcker/Weisner (2003) = Norbert *Bröcker* und Arnd *Weisner*: Übernahmeangebote - Unternehmens- und Beteiligungserwerb nach dem WpÜG, 1. Auflage, Köln 2003.

Däumler/Grabe (2008) = Klaus-Dieter *Däumler* und Jürgen *Grabe*: Betriebliche Finanzwirtschaft, 9. Auflage, Herne 2008.

Deutsche Börse (2011a) = Deutsche Börse AG: Entry Standard - Maßgeschneiderter Kapitalmarktzugang für mittelständische Unternehmen, Frankfurt/Main 2011. Gefunden im Internet unter URL http://xetra.com/xetra/ dispatch/de/binary/gdb_content_pool/imported_ files/public_files/10_downloads/33_going_being_public/50_others/entry_standard_bros chuere.pdf, Abruf am 24.04.2012.

Deutsche Börse (2011b) = Deutsche Börse AG: Allgemeine Geschäftsbedingungen der Deutsche Börse AG für den Freiverkehr an der Frankfurter Wertpapierbörse, Stand: 23.05.2011. Gefunden im Internet unter URL http://deutsche-boerse.com/dbg/dispatch/de/kir/dbg_ nav/metanavigation/30_Regulations, Abruf am 28.04.2012.

Deutsche Bundesbank (2010) = Deutsche Bundesbank: Bonitätsanalyse der Deutschen Bundesbank, Infobroschüre, Stand April 2010. Gefunden im Internet unter URL http://www.bundesbank.de/download/gm/gm_bonitaetsanalyse.pdf, Abruf am 29.04.2012.

Drüen/van Heek (2012) = Klaus-Dieter *Drüen* und Stephanie *van Heek*: Die Kommanditgesellschaft auf Aktien zwischen Trennungs- und Transparenzprinzip - Eine steuersystematische Bestandsaufnahme. In: Deutsches Steuerrecht, 2012, S. 541-547.

Ernst/Schneider/Thielen (2003) = Dietmar *Ernst*, Sonja *Schneider* und Bjoern *Thielen*: Unternehmensbewertungen erstellen und verstehen, 1. Auflage, München 2003.

Europäische Kommission (2006) = *Europäische Kommission*: Die neue KMU-Definition: Benutzerhandbuch und Mustererklärung, Brüssel 2006. Gefunden im Internet unter URL http://ec.europa.eu/enterprise/policies/sme/files/ sme_definition/sme_user_guide_ de.pdf, Abruf am 25.03.2012.

FAZ (2012) = Martin Hock: Mittelstandsanleihen: Warnungen vor Risiken. In: Frankfurter Allgemeine Zeitung (Hrsg.), Ausgabe vom 27.02.2012. Gefunden im Internet unter URL http://www.faz.net/aktuell/finanzen/anleihen-zinsen/mittelstandsanleihen-warnungen-vor-hohen-risiken-11661440.html, Abruf am 09.05.2012.

Federmann (2010) = Rudolf *Federmann*: Bilanzierung nach Handelsrecht, Steuerrecht und IAS/IFRS, 12. Auflage, Berlin 2010.

Finance (2010) = *Financial Gates GmbH*: Die Ablösung von Standard-Mezzanine, Studie, Frankfurt am Main, Oktober 2010.

Finance (2011) = *Financial Gates GmbH*: Anleihen für den Mittelstand, Studie, Frankfurt am Main, November 2011.

FTD (2010) = Heinz-Roger Dohms und Heimo Fischer: Industrie rebelliert gegen Ratingagenturen. In: Financial Times Deutschland (Hrsg.), Ausgabe vom 23.08.2010. Gefunden im Internet unter URL http://www.ftd.de/ unternehmen/handel-dienstleister/:anleihen-ohne-bonitaetsbewewertung-industrie-rebelliert-gegen-ratingagenturen/ 50160380.html, Abruf am 19.04.2012.

FTD (2012) = Tobias Bayer: Unicredit macht Banken Hoffnung. In: Financial Times Deutschland (Hrsg.), Ausgabe vom 30.01.2012. Gefunden im Internet unter URL http://www.ftd.de/unternehmen/finanzdienstleister/:erfolgreiche-kapitalerhoehung-unicredit-gibt-banken-hoffnung/60161683.html, Abruf am 19.04.2012.

Graumann (2008) = Mathias *Graumann*: Controlling, 2. Auflage, Düsseldorf 2008.

Grunow/Figgener (2006) = Hans-Werner G. *Grunow* und Stefanus *Figgener*: Handbuch Moderne Unternehmensfinanzierung - Strategien zur Kapitalbeschaffung und Bilanzoptimierung, 1. Auflage, Berlin/Heidelberg 2006.

IfM (2012) = *Institut für Mittelstandsforschung*: KMU-Definition des IfM Bonn. Gefunden im Internet unter URL http://www.ifm-bonn.org/index.php?id=89, Abruf am 25.03.2012.

Institutional Money (2012) = Ohne Verfasserangabe: Schuldscheindarlehen: Kaum bemerkte Wachstumsstory, In: Institutional Money Ausgabe 1/2012, S. 138 bis 140.

Habersack/Mülbert/Schlitt (2008) = Mathias *Habersack*, Peter O. *Mülbert* und Michael *Schlitt* (Hrsg.): Unternehmensfinanzierung am Kapitalmarkt, 2. Auflage, Köln 2008.

Handelsblatt (2012a) = Laura de la Motte: Die Pleite - ein heilsamer Schock. In: Handelsblatt, Ausgabe vom 26.03.2012.

Handelsblatt (2012b) = Marcus Creutz: Erfolgsweg zum Kapitalmarkt. In: Handelsblatt, Ausgabe vom 14.06.2012.

Kann (2011) = Günter *Kann*: IKB-Report Juli 2011: Mittelstandsfinanzierung mit neuen Perspektiven, Düsseldorf 2011. Gefunden im Internet unter URL http://www.ikb.de/fileadmin/content/ 60_Branchen_und_Maerkte/40_UnternehmerThemen/2011_07_IKB_Report_Mittelstan dsfinanzierung.pdf, Abruf am 25.03.2012.

Kuhn (2010) = Paul *Kuhn*: Verzicht kann sich lohnen. In: Finance, Sonderbeilage November 2010, S. 16 f.

Küting (2012) = Karlheinz *Küting*: IFRS oder HGB? Gastkommentar in: Der Betrieb, Heft 3/2012, S. M 1.

Küting/Weber (2010) = Karlheinz *Küting* und Claus-Peter *Weber*: Der Konzernabschluss - Praxis der Konzernrechnungslegung nach HGB und IFRS, 12. Auflage, Stuttgart 2010.

Manager-Magazin (2009a) = Nils-Viktor Sorge: Mit leeren Händen- Escada und die Folgen. In: Manager-Magazin, Online-Ausgabe, 12.08.2009. Gefunden im Internet unter URL http://www.manager-magazin.de/unternehmen/artikel/ 0,2828,641666,00.html, Abruf am 02.05.2012.

Manager-Magazin (2009b) = Jan D. Bayer: Die Escada-Insolvenz: An die Wand mit Ansage? In: Manager-Magazin, Online-Ausgabe 26.08.2009. Gefunden im Internet unter URL http://www.manager-magazin.de/unternehmen/artikel/ 0,2828,644872,00.html, Abruf am 02.05.2012.

Meeh-Bunse/Sattler (2012) = Gunter *Meeh-Bunse* und Wolfgang *Sattler*: Die Suche nach dem passenden Finanzierungskonzept für mittelständische Unternehmen - ein strukturierter Ansatz. In: Der Betrieb, Heft 4/2012, S. 185-192.

Mittendorfer (2007) = Roland *Mittendorfer*: Praxishandbuch Akquisitionsfinanzierung – Erfolgsfaktoren fremdfinanzierter Unternehmensübernahmen, 1. Auflage, Wiesbaden 2007.

MüKo = Wulf *Goette*, Mathias *Habersack* und Susanne *Kalss* (Hrsg.): Münchener Kommentar zum Aktiengesetz, 3. Auflage, München 2010. Zitiert *Bearbeiter* in: MüKo.

Müller/Brackschulze/Mayer-Friedrich (2011) = Stefan *Müller*, Kai *Brackschulze* und Matija Denise *Mayer-Friedrich*: Finanzierung mittelständischer Unternehmen nach Basel III: Selbstrating, Risikocontrolling und Finanzierungsalternativen, 2. Auflage, München 2011.

Nagel/Wittkowski (2012) = Sibilla *Nagel* und Ansas *Wittkowski*: Die Kommanditgesellschaft auf Aktien (KGaA) - Rechtsform für Mittelstand und Familienunternehmen, 1. Auflage, Wiesbaden 2012.

PWC (2011) = Bernd Papenstein, Andreas Rams und Christian Lüke: Fälligkeit Standard-Mezzanine - Herausforderung für den Mittelstand. Studie, Düsseldorf 2011; Gefunden im Internet unter URL http://www.pwc.de/de_DE/ de/finanzierung/assets/PwC-MezzaninStudie_ 2011.pdf, Abruf am 05.03.2012.

Sander (2012a) = Carl-Dietrich *Sander*: Basel III - Handlungskonsequenzen für Mittelständler. In: Finanzierung im Mittelstand, Heft 1/2012, S. 6-9.

Sander (2012b) = Carl-Dietrich *Sander*: Mit Kreditgebern auf Augenhöhe verhandeln, 1. Auflage, Herne 2012.

Schmitt (2011) = Christoph *Schmitt*: Finanzierungsstrategien mittelständischer Unternehmen vor dem Hintergrund von Basel III. In: Betriebsberater, Heft 2/2011, S. 105-109.

Schulte (2005) = Christoph *Schulte*: Eigenkapitalausstattung und Finanzierungsverhalten mittelständischer Unternehmen in Deutschland - Theoretische Aspekte und empirische Analyse. Dissertation, Düsseldorf 2005. Gefunden im Internet unter URL http://docserv.uni-duesseldorf.de/servlets/DerivateServlet/Derivate-6038/Version270907_JM.pdf, Abruf am 25.03.2012.

Scott (2002) = Cornelia *Scott* (Hrsg.): Due Dilligence in der Praxis, 1. Auflage, Wiesbaden 2002.

Simon (2007) = Hermann *Simon*: Hidden Champions des 21. Jahrhunderts – Die Erfolgsstrategien unbekannter Weltmarktführer, 1. Auflage, Frankfurt 2007.

Stirtz (2007) = Beate *Stirtz*: Hybride Finanzierungsformen als Finanzierungsinstrumente mittelständischer Unternehmen, Wismarer Diskussionspapiere, Heft 4/2007. Gefunden im Internet unter URL http://www.mittelstands-wiki.de/wp-content/uploads/2007/08/hybride-finanzierungsformen-beate-stirtz-hswismar.pdf, Abruf am 05.03.2012.

Volkart (2011) = Rudolf *Volkart*: Corporate Finance - Grundlagen von Finanzierung und Investition, 5. Auflage, Zürich 2011.

von Rosen (2007) = Rüdiger *von Rosen* (Hrsg.): Mittelstand und Börse 2007, Studien des Deutschen Aktieninstituts, Heft 40, 1. Auflage, Frankfurt/Main 2007. Gefunden im Internet unter URL http://deutsche-boerse.com/INTERNET/EXCHANGE/zpd.nsf/PublikationenID/SSWA-7BBGUM/$FILE/Studie_40_Endfassung.pdf?OpenElement, Abruf am 04.03.2012.

Wassermann (2011) = Holger *Wassermann*: Kapitalmarktorientierung in Accounting und Controlling, 1. Auflage, Wiesbaden 2011.

Wöhe/Döring (2008) = Günter *Wöhe* und Ulrich *Döring*: Allgemeine Betriebswirtschaftslehre, 23. Auflage, München 2008.

Zantow/Dinauer (2011) = Roger *Zantow* und Josef *Dinauer*: Finanzwirtschaft des Unternehmens - Die Grundlagen des modernen Finanzmanagement, 3. Auflage, München 2011.

Anhang

Anlage 1
Nutzwertanalyse bei der Auswahl von Finanzierungsinstrumenten
Quelle: Eigene Darstellung

	Zielkriterium	Idealzustand	Zielerreichung					Gewichtung aus Sicht des Unternehmens	Erreichter Punktwert	Maximal möglicher Punktwert	Zielerreichung in %
			Unzureichend 0	Mangelhaft 1	Ausreichend 2	Befriedigend 3	Gut 4	Sehr gut 5				
Quantitative Aspekte	Volumen	Ausreichendes Volumen						5	1,00	5,00	5,00	100%
	Laufzeit	Fristenkongruent					4		1,00	4,00	5,00	80%
	Verzinsung	Niedrig				3			0,50	1,50	2,50	60%
	Erfordernis einer Sicherheitengestellung	Nicht erforderlich						5	0,25	1,25	1,25	100%
	Sonderkündigungsrechte der Kapitalgeber	Nicht vorhanden				3			0,25	0,75	1,25	60%
Qualitative Aspekte	Diversifiziertes und ausgewogenes Finanzierungsportfolio	Instrument trägt hierzu bei					4		0,50	2,00	2,50	80%
	Fälligkeitsstruktur der gesamten Unternehmensfinanzierung	Verbessert sich durch das Instrument			2				0,50	1,00	2,50	40%
	Steuerliche Auswirkungen	Verbesserung			2				0,25	0,50	1,25	40%
	Sonderkündigungsrechte des Unternehmens	Sind gegeben	0						0,00	0,00	0,00	
	Möglichkeiten zum Wechsel in variable Verzinsung und Tilgung	Ist möglich		1					0,25	0,25	1,25	20%
	Stundungsmöglichkeiten	Ist möglich		1					0,25	0,25	1,25	20%
	Mitspracherechte	Keine Mitspracherechte des Kapitalgebers						5	1,00	5,00	5,00	100%
	Zurechnung zum bilanziellen oder wirtschaftlichen Eigenkapital	Mindestens wirtschaftliches Eigenkapital	0						0,00	0,00	0,00	
	Transparenzanforderungen	Möglichst keine			2				0,25	0,50	1,25	40%
	Organisatorischer Aufwand	Möglichst gering					4		0,25	1,00	1,25	80%
Gesamtziel										**23,00**	**31,25**	**74%**

Gewichtungskriterien	
Sehr wichtig	1,00
Wichtig	0,50
Weniger wichtig	0,25
Unwichtig	0,00

Anlage 2
Übersicht Ratingskalen
Quelle: Internetauftritte der Gesellschaften

		Beschreibung	S&P	Moodys	Fitch	Credit-reform	Euler Hermes
Investment Grade		**Sehr gut** Höchste Bonität, praktisch kein Ausfallrisiko	AAA	Aaa	AAA	AAA	AAA
		Sehr gute bis gute Bonität Hohe Zahlungswahrscheinlichkeit	AA+	Aa1	AA+	AA+	AA+
			AA	Aa2	AA	AA	AA
			AA-	Aa3	AA-	AA-	AA-
		Gute bis befriedigende Bonität Angemessene Deckung von Zins und Tilgung. Viele gute Investmentattribute, aber auch Elemente, die sich bei Veränderung der wirtschaftlichen Lage negativ auswirken können	A+	A1	A+	A+	A+
			A	A2	A	A	A
			A-	A3	A-	A-	A-
		Befriedigende Bonität Angemessene Deckung vor Zins und Tilgung, aber auch spekulative Charakteristika oder mangelnder Schutz gegen wirtschaftliche Veränderungen	BBB+	Baa1	BBB+	BBB+	BBB+
			BBB	Baa2	BBB	BBB	BBB
			BBB-	Baa3	BBB-	BBB-	BBB-
Speculative Grade		**Ausreichende Bonität** Sehr mäßige Deckung von Zins und Tilgung, auch in gutem wirtschaftlichem Umfeld	BB+	Ba1	BB+	BB+	BB+
			BB	Ba2	BB	BB	BB
			BB-	Ba3	BB-	BB-	BB-
		Mangelhafte Bonität Geringe Sicherung von Zins und Tilgung	B+	B1	B+	B+	B+
			B	B2	B	B	B
			B-	B3	B-	B-	B-
		Ungenügende Bonität Niedrigste Qualität, geringster Anlegerschutz, akuter Gefahr eines Zahlungsverzugs	CCC+	Caa1	CCC+	CCC	CCC
			CCC	Caa2	CCC	CC	CC
			CCC-	Caa3	CCC-	C	C

Anlage 3
Beispielhafte Ratingkriterien
Quelle: Moody's

Moody's Alcoholic Beverage Rating Factors Grid

Rating Category / Key Considerations	Aaa	Aa	A	Baa	Ba	B	Caa
1) Scale and Diversification							
Global Sales	Over $15 billion	Over $10 billion	Over $5 billion	Over $2 billion	Over $1 billion	Over $500 million	$500 million or under
Diversification by Market (Countries or Regions if country not homogenous)	Global operations and worldwide distribution in balance of well diversified markets	Operations and distribution in a range of well diversified geographic markets	Operations and distribution in a narrower group of geographic markets and/or more than 75% of sales from one market	Operations and distribution in several markets but may be concentrated (more than 75% of sales) in only one or two markets	Operations and distribution in few markets, or may be concentrated (more than 50% of sales) in emerging or riskier markets	Limited geographic presence and/or heavy concentration (more than 75% of sales) in emerging or riskier markets	Very limited geographic presence and/or concentration in riskier markets
Product / Brand diversification	Excellent diversification of product and sectors	Very good diversification of product and sectors	Well diversified by product, possibly in more focused sectors	Wide product offering, possibly more focused by sector	More focused operations; may rely heavily on few brands or sectors	Lacks diversity; reliance on one or two brands or sectors	Small product portfolio; reliance on one product
2) Franchise Strength Growth Potential							
Efficiency of distribution infrastructure	Highly efficient dedicated distribution structure with worldwide reach	Extremely efficient dedicated distribution in all markets	Very efficient distribution but may rely on some nonexclusive third party distribution	Efficient distribution possibly through non-executive third parties	Less efficient distribution	Weak distribution	Not able to distribute product effectively
Quality of brand portfolio and market position	Excellent domestic and worldwide market shares which have remained stable over time; number one brands in most products and markets	Leading market shares in most all markets in broadly defined categories; number one or two brands in most products and markets	Very strong market shares in designated territories; number one or two brands in many products	Strong market shares in designated territories; number one or two brands in some products	Market shares may be low or deminishing due to competitive issues; some brands may lag behind leaders in the category	Market shares likely to be small or declining	Few brands, not well recognised, categories not attractive or cyclical, commodity like, and declining market shares
Innovation organic revenue growth	Unsurpassed innovation track record. Growth consistently above peers/market average	Excellent track record of innovation. Growth usually above peers/market average	Very good track record of innovation. Growth above peers/market average	Good track record of innovation. Growth around or slightly above peers/market average	Innovation may be more modest or less successful. Growth in line with or somewhat below peers/market average	Lack of innovation may be a problem. Uncertain growth prospects, often limited or declining growth	Poor or no innovation at all. Declining growth prospects
3) Profitability / Efficiency / Flexibility							
Efficiency / Potential for cost reduction	Extremely efficient with good track record of reducing costs	Very efficient with good track record of reducing costs	Good efficiency with potential for further cost take-outs	Efficient operations	Less efficient distribution	Poor efficiency	Not efficiently able to reduce costs
Profitability (EBITA Margin)	Consistently very high margins; EBITA margin over 25%	Consistently high margins; EBITA margin of 20% to 25%	Consistently very good margins; EBITA margin of 15% to 20%	Consistently good margins; EBITA margin from 10% to 15%	Margins likely to be weaker and profitability is thin; EBITA margin from 4% to 10%	Margins very thin, may report net losses; EBITA margin from 1% to 4%	Margins likely to be negative; EBITA margin of less than 1%
Return on Average Assets (EBITA / Average Assets)	over 25%	20% to 25%	15% to 20%	12% to 15%	9% to 12%	5% to 9%	under 5%
4) Financial policy and credit metrics							
Financial policy	Very conservative policy. Stable metrics, no "one-off" movements. Public commitment to Aaa rating	Stable and conservative policy. Commitment to Aa rating range. Track record of stable metrics	Predictable financial policy, balance between shareholder and creditor; no big shifts in metrics; possible event risk through debt-financed acquisitions. Strong commitment to investment grade	Financial policy favor shareholder returns; possible track record of rating migration following acquisitions. Commitment to investment grade	Strategy prioritises shareholder value and acquisitions	History of debtfunded returns to shareholders and paying out financial cushion	Unmanageable debt burden, restructuring likely
Cash flow metrics:							
FFO / Net debt	over 65%	40% to 65%	30% to 40%	20% to 30%	15% to 20%	10% to 15%	under 10%
RCF / Net debt	over 45%	30% to 45%	22% to 30%	16% to 22%	12% to 16%	8% to 12%	under 8%
FCF / Debt	over 25%	19% to 25%	14% to 18%	11% to 14%	8% to 11%	3% to 8%	under 3%
Coverage and other leverage metrics:							
EBIT / Interest	over 16 times	11 to 16 times	8 to 11 times	4.5 to 8.0 times	2.5 to 4.5 times	1.5 to 2.5 times	under 1.5 times
Debt / EBITDA	under 1.2 times	1.2 to 2 times	2.0 to 2.7 times	2.7 to 3.5 times	3.5 to 4.5 times	4.5 to 6.5 times	over 6.5 times

Anlage 4-1
Rechnungslegung und Offenlegung: Einzelabschluss
Quelle: Federmann (2010), S. 103 f.

	Rechtsform	Einzelkaufleute und typische Personengesellschaften	Kapitalgesellschaften (außer: bestimmte Tochtergesellschaften § 264 III, einschl. atypische Personenhandelsgesellschaften § 264a)			
Unternehmensgröße	Bilanzsumme	≤ 65 Mio. €	≤ 4,840 Mio. €	> 4,840 Mio. € ≤ 19,25 Mio. €	> 19,25 Mio. €	Stets wenn Kapital-markt-orientiert i.S.v. § 264d
	Umsatzerlöse	≤ 130 Mio. €	≤ 9,680 Mio. €	> 9,680 Mio. € ≤ 38,50 Mio. €	> 38,5 Mio. €	
	Arbeitnehmer	≤ 5.000	≤ 50	> 50 ≤ 250	> 250	
	Wenn Erfüllung von mind. 2 Kriterien an 2 aufeinander-folgenden Bilanzstichtagen", dann...	Regelfall	"kleine Kapitalges." § 267 I	"mittelgroße Kapitalges." § 267 II	"große Kapitalges." § 267 III	
Aufstellung Umfang	Bilanz	Pflicht, § 242 I HGB Formfrei, aber: GoB	Verkürzte Gliederung, § 266 I; Erleichterungen, § 274a	Pflicht, § 264 I Vollständige Gliederung, § 266 I S. 2	Pflicht, § 264 I Vollständige Gliederung, § 266 I S. 2	
	GuV-Rechnung	Pflicht, § 242 II HGB Formfrei, aber: GoB	Verkürzte Gliederung, § 276 S. 1; Erleich-terungen, § 276 S. 2	Verkürzte Gliederung, § 276 S. 1	Vollständige Gliederung, § 264 I	
	Anhang	-/-	Verkürzte Angaben, § 288 S. 1; Erleich-terungen, §§ 274a, 288	Leicht verkürzte Angaben, § 288 S. 2	Sämtliche Angaben, § 264 I	
	Lagebericht	-/-	Entfällt § 264 I	Pflicht §§ 264 I, 289	Pflicht §§ 264 I, 289	
	Frist	"innerhalb des ordentl. Geschäftsgangs" § 243 III HGB	bis zu 6 Monate, wenn üblich § 264 I S. 3	3 Monate § 264 I S. 2	3 Monate § 264 I S. 2	
Prüfung		-/-	-/-	Pflicht §§ 316 ff.	Pflicht §§ 316 ff.	
Feststellung (Frist)		-/-	AG: 8 Mo., § 175 AktG GmbH: 11 Mo., § 42a GmbHG	AG: 8 Mo., § 175 AktG GmbH: 8 Mo., § 42a GmbHG	AG: 8 Mo., § 175 AktG GmbH: 8 Mo., § 42a GmbHG	
Offenlegung Umfang	Bilanz**	unverzüglich § 8 PublG	Verkürzt § 326 S. 1	Verkürzt mit Zusatz-angaben § 327 Nr. 1	Pflicht § 325 I	Wahlrecht: IFRS-Abschluss, § 325 IIa
	GuV-Rechnung (mit Gewinnverwen-dungsvorschlag)	Pflicht § 9 I PublG	-/-	-/-	Pflicht § 325 I	
	Anhang	nur Mindestangaben §§ 9 II, 5 IV PublG	Verkürzt ohne GuV-Teil § 326 S. 2	Verkürzt § 327 Nr. 2	Pflicht § 325 I	
	Lagebericht	-/-	-/-	-/-	Pflicht § 325 I	
	Medien	Elektronischer Bundesanzeiger und Elektronisches Unternehmensregister, § 325 I				
	Frist	Unverzüglich nach Vorlage an die Gesellschafter, höchstens 12 Monate, § 325 I bei kapitalmarktorientierten Unternehmen i.d.R. höchstens 4 Monate, § 325 IV				

§§ ohne Gesetzesnennung beziehen sich auf das HGB
*: Beachte: Die Schwellenwerte sind ranggleich; es müssen nur je 2 Schwellenwerte überschritten werden, dabei muss es sich nicht um die gleichen Schwellenwerte handeln
**: Bei Bilanzen mittelgroßer und großer Kapitalgesellschaften: mit Bestätigungsvermerk

Anlage 4-2
Rechnungslegung und Offenlegung: Konzernabschluss
Quelle: Eigene Darstellung, angelehnt an Federmann (2010), S. 103 f.

	Rechtsform		Einzelkaufleute und typische Personengesellschaften	Kapitalgesellschaften (außer: bestimmte Tochtergesellschaften § 264 III, einschl. atypische Personenhandelsgesellschaften § 264a)		
						Kapitalmarktorientiert i.S.v. § 264d
Methode zur Prüfung, ob Aufstellungspflicht vorliegt			Nettomethode	Nettomethode	Bruttomethode	
Unternehmensgröße		Bilanzsumme	> 65 Mio. €	> 19,25 Mio. €	> 23,10 Mio. €	Stets wenn Kapitalmarktorientiert i.S.v. § 264d i.V.m. § 293 V
		Umsatzerlöse	> 130 Mio. €	> 38,50 Mio. €	> 46,20 Mio. €	
		Arbeitnehmer	> 5.000	> 250	> 250	
		Ergebnis	Wenn 2 Kriterien an mind. 3 (!) Stichtagen hintereinander überschritten, dann (+) § 11 I PublG	Wenn 2 Kriterien an mind. 2 Stichtagen hintereinander überschritten, dann (+), § 293 I		
Aufstellung	Umfang	Konzernbilanz	Pflicht § 13 I PublG	Pflicht, § 297 I 1		
		Konzern-GuV-Rechnung	Pflicht § 13 I PublG	Pflicht, § 297 I 1		
		Konzernanhang	Pflicht § 13 I PublG	Pflicht, § 297 I 1		
		Konzern-Kapitalflussrechnung	Pflicht § 13 I PublG	Pflicht, § 297 I 1		
		Konzern-Eigenkapitalspiegel	Pflicht § 13 I PublG	Pflicht, § 297 I 1		
		Konzern-Segmentberichterstattung	Wahlrecht § 13 I PublG iVm. § 297 I 2	Wahlrecht, § 297 I 2		
		Konzernlagebericht	Pflicht § 13 I PublG	Pflicht, § 297 I 1		
		Frist	5 Monate § 13 I 1 PublG; bei Kapitalmarktorientierung 4 Monate, § 13 I 2, mit Erleichterungen	5 Monate § 290 I 1		4 Monate § 290 I 2
Prüfung			Pflicht § 14 I PublG	Pflicht, §§ 316 ff.		
Feststellung (Frist)			-/-	AG: 8 Monate, § 175 AktG (nur Billigung, keine Feststellung) GmbH: 11 Monate, wenn "kleine"; sonst 8 Monate (keine Billigung, nur Feststellung) § 42a GmbHG		
Offenlegung		Umfang	Offenlegung des gesamten Konzernabschlusses, § 325 I, III; mit bestimmten rechtsformabhängigen Erleichterungen und Erweiterungen			
		Medien	Elektronischer Bundesanzeiger und Elektronisches Unternehmensregister, § 325 I			
		Frist	Unverzüglich nach Vorlage an die Gesellschafter, höchstens 12 Monate, § 325 I bei kapitalmarktorientierten Unternehmen i.d.R. höchstens 4 Monate, § 325 IV			

§§ ohne Gesetzeseinrennung beziehen sich auf das HGB
Beachte: Die Schwellenwerte sind ranggleich; es müssen nur je 2 Schwellenwerte in 2 Jahren (bzw. 3 Jahren) überschritten werden; dabei muss es sich nicht um die gleichen Schwellenwerte handeln

Anlage 5
Beispielhafte Kriterien zur Beurteilung der Kapitalmarktfähigkeit eines Unternehmens
Quelle: Eigene Darstellung

Beurteilungskriterium	Anmerkungen
Wirtschaftliche Kapitalmarktfähigkeit	
Unternehmensbezogene Kriterien	
Branche	
Branchenwachstum	Das Branchenwachstum sollte oberhalb der durchschnittlichen Preissteigerungsrate und des BIP-Wachstums der jeweils letzten 5 Jahre liegen
Zyklizität	Möglichst gering
Konjunkturabhängigkeit	Möglichst gering
Marktanteile	
Marktpositionen	Möglichst hoch und stabil
Markenwachstum	Möglichst hoch und stabil
Abhängigkeit von Großkunden	Möglichst gering
Finanzielle Kondition der Kunden	Möglichst gut (Ideal: Großteil der Kunden verfügt über Ratings im oberen Investment Grade-Bereich)
Wettbewerbsumfeld	Möglichst führende Wettbewerbsposition (TOP 1 oder TOP 2)
Technologische Entwicklung	Möglichst Technologieführer; Technologische Entwicklung sollte dabei nicht fortlaufend hohe Ersatzinvestitionen erfordern
Lebenszyklusphasen der eigenen Produkte	
Vorhandensein potentieller künftiger Wachstumsträger	Es sollten möglichst mehrere vorhanden sein
Marktattraktivität und Wettbewerbsvorteile	Das Unternehmen verfügt über Wettbewerbsvorteile in einem attraktiven Markt
PEST-Analyse	Sollte möglichst attraktiv ausgefallen sein
BERI-Analyse	Sollte möglichst attraktiv ausgefallen sein
Balanced Scorecard	Sollte möglichst attraktiv ausgefallen sein
Kennzahlenauswertung	
Vermögensanalyse	
Vermögensintensitäten	Im Branchenvergleich liegend; nicht überdurchschnittlich hoch
Vermögensumschlag	
nach Häufigkeit	Möglichst häufig
nach Dauer	Möglichst kurz
Investitionsquote	
Alter des Anlagevermögens	Möglichst jung (Messbar durch Kumul. Abschreibungen in % der Kumul. AHK)
Erfolgsanalyse	
Erfolgsspaltung	
Betriebsergebnis	Möglichst hoch und stabil
Finanzergebnis	
Außerordentl. Ergebnis	Möglichst nicht vorhanden
Aufwands-/Ertragsintensitäten	

Beurteilungskriterium	Anmerkungen
Wirtschaftliche Kapitalmarktfähigkeit	
Rentabilitätsanalyse	
Eigenkapitalrentabilität	Möglichst hoch und stabil
Gesamtkapitalrentabilität	Möglichst hoch und stabil
Return on Capital Employed	Möglichst hoch und stabil
Return on Investment	Möglichst hoch und stabil
Economic Value Added	Möglichst hoch und stabil
Return on Net Assets	Möglichst hoch und stabil
Finanzanalyse	
Vertikale Kapitalstrukturanalyse	Eigenkapitalanteil möglichst hoch
Horizontale Deckungsgradanalyse	Einhaltung der "Goldenen Bankregeln"
Liquiditätsanalyse	
Zinsdeckung	Möglichst hoch
Cashflow-Analyse	
Debt to Cash Flow	Möglichst niedrig
Sales to Working Capital	Möglichst hoch und stabil
Cash Convertion Rate	Möglichst hoch und stabil
Transaktionsbezogene Kriterien	
Gesamtvolumen	
Stückelung	Passend zum angestrebten Investorenkreis (Institutionelle, Privatanleger)
Verzinsung	
Zinszahlungstermine	
Quellensteuereinbehalte	Möglichst keine
Ausgabeauf-/-abschlag	Möglichst keiner
Laufende Tilgung oder Einmaltilgung	
Emissionskosten (in % des Volumens)	Möglichst gering
Übertragbarkeit des Instruments	Kurzfristige Übertragbarkeit zu geringen Kosten für den Investor vorzugswürdig
Liquidität im Marktsegment	Möglichst hoch
Beabsichtigte Mittelverwendung	Schlüssige Equity Story oder Credit Story vorzugswürdig
Innere Kapitalmarktfähigkeit	
Organisation des Unternehmens	
Leistungsfähigkeit des Finanzbereichs	
Investor Relations	
Rechtsabteilung	Mit steigender Unternehmensgröße nimmt die Bedeutung vorhandener, professionell geleiteter und effektiv arbeitender Abteilungen zu
Corporate Governance	
Risikomanagement	
Interne Revision / Compliance	
Konzernstruktur	Die Konzernstruktur sollte eine unmittelbare und einheitliche Leitung sowie ein zentrales Finanzmanagement der wesentlichen Teileinheiten des Konzerns jederzeit ermöglichen

Beurteilungskriterium	Anmerkungen
Wirtschaftliche Kapitalmarktfähigkeit	
Rechnungslegung und Transparenz	
Rechnungslegungssystem (HGB, IFRS)	Je nach angesprochenem Investorenkreis ist IFRS u.U. sinnvoll
Umfang der externen Rechnungslegung	
Standardelemente	Im Interesse von Transparenz erscheint es vorzugswürdig, die geforderten Pflichtangaben auch mit aussagekräftigen Informationen auszustatten und sich nicht nur auf nichtssagende Standardfloskeln zu beschränken
Freiwillige Elemente	Im Interesse von Transparenz vorzugswürdig
Aussagefähigkeit und Verständlichkeit	
Mehrsprachigkeit	Je nach angesprochenem Investorenkreis kann eine englischsprachige Fassung geboten sein
Konzernabschluss	
Abbildung der gesamten Unternehmensgruppe	Im Interesse von Transparenz vorzugswürdig
Ausschöpfung von Offenlegungsfristen	Bei Kapitalmarktorientierung nicht angebracht
Externes Rating	Sollte vorhanden sein
Formale Kapitalmarktfähigkeit	
Rechtsform	Insbesondere bei Aktienemissionen zwingend emissionsfähige Rechtsform erforderlich
Erfüllung regulatorischer Voraussetzungen	Sofern im Zusammenhang mit dem gewählten Finanzierungsinstrument gefordert, müssen diese erfüllt sein

Anlage 6
Übersicht der Ausprägungen und des Einsatzes kapitalmarktorientierter Finanzierungsinstrumente
Quelle: Zusammengestellt aus Grunow/Figgener (2006), mit eigenen Ergänzungen

	Eigenkapitalinstrumente		Fremdkapitalinstrumente				Hybride Finanzierungsinstrumente (Mezzaninekapital)			Bilanzentlastende Instrumente	
	Aktien	Kapitalinvestierende Private Equity	Konsortial-/ Syndizierter Kredit	Klassischer und nachrangiger Kredit	Schuldscheindarlehen	Anleihe	Private Debt	Stille Beteiligung	Genussschein	Wandel-/ Optionsanleihe	Kreditorientiertes Private Equity/Nachrangteil	Factoring	Leasing
Wesentliche Kriterien													
Volumen	Erst ab 25 Mio. €; Emissionsvolumen sinnvoll	In Abhängigkeit vom Anbieter ab 1 Mio. €	Ab 5 Mio. €	Theoretisch weder Mindest- noch Höchstgrenzen	Üblicherweise 5 Mio. € bis ca. 300 Mio. €	Ab 10 Mio. €	5 bis 10 Mio. €; höhere Volumina möglich	Wieder Mindest- noch Höchstgrenzen: Beträge zwischen 50.000€ und 10 Mio. € üblich	Ab 5 Mio. € bis 500 Mio. €	Ab 15 Mio. €	Ab 5 Mio. €	250.000 bis 50 Mio. €; Einzelverbriefung üblich 100 Mio. €	Ab 10.000 €, bis 1 Mrd. € möglich
Verzinsung	Ergebnisabhängig (Dividende)	Feste Basisverzinsung zzgl. variabler Verzinsung in Abhängigkeit von der Unternehmensentwicklung	Feste und variable Zinssätze	Feste und variable Zinssätze	Meist variable Verzinsung, mit erhöhter Risikoprämie	Feste und variable Zinssätze, mit erhöhter Risikoprämie	Feste und variable Zinssätze, mit erhöhter Risikoprämie	Feste Basisverzinsung + erfolgsabhängige variable Komponente; bei atypischer auch Beteiligung an stillen Reserven; Gesamtrendite zwischen 10 und 20%	Risikoloser Marktzins zzgl. individueller Risikoprämie	Risikoloser Marktzins zzgl. individueller Risikoprämie	Abhängig von Risiko 10 bis 15%	Abhängig von Marktgängigkeit und Werthaltigkeit, Refinanzierungskosten und Bonität des Leasingnehmers
Laufzeit	Grundsätzlich unbegrenzt	3 bis 5 Jahre, u.U. auch länger	Bis 10 Jahren, u.U. auch länger	Bis 10 Jahren, u.U. auch länger	2 bis 15 Jahre, üblich 3 bis 5 Jahre	Ab 3 Jahre, üblich zwischen 5 und 10 Jahre, längere Laufzeiten möglich; Änderungsrechte der Käufer und Kündigungsrechte des Emittenten möglich	5 bis 10 Jahre, u.U. auch länger	Üblicherweise bis 5 Jahre, u.U. auch länger	5 bis 10 Jahre	3 bis 10 Jahre	5 bis 10 Jahre, u.U. kürzere Laufzeiten möglich	Bis 120 Tage, meist kürzer	In Abhängigkeit vom Leasingobjekt bis zu mehreren Jahren
Anforderungen	Einmalige und laufende Dokumentationspflichten, erforderlich; Erfolgsversprechende Equity Story, Kapitalmarktreife des Unternehmens	Umfassende Dokumentationspflichten, erforderlich; Erfolgsversprechende Equity Story;	Erfolgsversprechende Credit Story, Dokumentationspflichten, Erreichen der nötigen Bonitätsschwelle im bankinternen Rating	Erfolgsversprechende Credit Story, Dokumentationspflichten, Erreichen der nötigen Bonitätsschwelle im bankinternen Rating	Erfolgsversprechende Credit Story, Dokumentationspflichten, Erreichen der nötigen Bonitätsschwelle im bankinternen Rating	Institutionelle Kapitalgeber, Privatanleger	Erfolgsversprechende Credit Story, Dokumentationspflichten	Erfolgsversprechende Credit Story, Dokumentationspflichten	Dokumentationspflichten, Kapitalmarktfähigkeit, Geeignete Eigentümerstruktur	Externes Rating, Kapitalmarktreife, Dokumentation, Berichtserstattungspflichten	Mindestmaß an Bonität und erfolgsversprechende Story	Umfassendere Dokumentation erforderlich	Bonität des Leasingnehmers, Marktgängiges Leasinggut mit maßvollem Wertverlust
Platzierungsdauer	2 bis 6 Monate, sofern rechtliche Voraussetzungen vorliegen	Bis zu einem Jahr	1 bis 4 Monate	1 bis 4 Monate	1 bis 3 Monate	2 bis 5 Monate	Im Abhängigkeit vom Volumen 1 bis 3 Monate	Im Abhängigkeit vom Unternehmen 3 bis 6 Monate	2 bis 4 Monate	2 bis 4 Monate	2 bis 3 Monate	2 bis 6 Wochen	4 bis 16 Wochen
Investoren	Institutionelle und private Investoren	Private Equity-Fonds	Geschäftsbanken und bankähnliche Institutionen	Geschäftsbanken und bankähnliche Institutionen	Geschäftsbanken und bankähnliche Institutionen, Versicherungen, Vermögensverwalter, spezielle Fonds	Institutionelle Kapitalgeber, Privatanleger	Versicherungen, Vermögensverwalter, spezielle Fonds	Vermögensverwalter, spezielle Fonds, Direktinvestoren	Vermögensverwalter, spezielle Fonds	Vermögensverwalter, spezielle Fonds	Spezielle Fonds	Factoringgesellschaften	Leasinggesellschaften
Kosten	Ca. 5 % des Emissionsvolumens, Untergrenze um 500.000 € Prüfungsaufwand	Einzelfallabhängig, i.W. Beratungs- und Prüfungsaufwand	Übliche Indikation 0,5 bis 1,0%, abhängig von Bonität und Prüfungsaufwand	Übliche Indikation 0,5 bis 1,0%, abhängig von Bonität und Prüfungsaufwand	Übliche Indikation 1,0 bis 3,5%, abhängig von Marktlage, Bonität und Anfrageumfeld	Übliche zwischen 0,5 bis 3,0%, Börsenzulassungs- und Folgekosten	Übliche zwischen 0,5 bis 1,0%, abhängig von Bonität und Prüfungsaufwand	In der Regel keine Kosten	Übliche Indikation 1,0 bis 2,5%, abhängig von Bonität und Prüfungsaufwand	2 bis 5% des Emissionsvolumens	Abhängig von der Gesamtrendite, üblicherweise 3 bis 5%	Abhängig vom Leasingumfang; 3 bis 5 % für Full Service Factoring; Finanzierung 2 bis 4% über Referenzsatz (z.B. Euribor), 0,5% bis 2,5% vom Forderungsvolumen als Bearbeitungsgebühr	Von verschiedenen Faktoren abhängig, zwischen 5 und 20% jährlichen Vertragspreises
Vor- und Nachteile													
Vorteile	Unbegrenzte Laufzeit, Eigenkapital ist notwendige Basis für operative Unternehmensfinanzierung; keine Mittelabflüsse in schwierigen Phasen	Risikoübernahme durch externe Kapitalgeber; Volumen individuell ausgestaltbar, Kapitalbeteiligungen möglich, Investoren bieten Know-how für Gewinn- und Renditemaximierung	Konditionell individuell verhandelbar; Geringer administrativer Aufwand; Anschlussfinanzierung u.U. leichter möglich; Verhandlungen mit nur 1 Kreditgeber; kein externes Rating erforderlich	Konditionell individuell verhandelbar; Geringer administrativer Aufwand; Anschlussfinanzierung u.U. leichter möglich; Verhandlungen mit nur 1 Kreditgeber; kein externes Rating erforderlich	Mittelaufnahme auch größerer Volumen; kein externes Rating erforderlich	Gute Vorbereitung auf "echte" Kapitalmarktfinanzierung; Erweiterung des Investorenkreises; Im Vergleich zur Anleihe geringere Kosten und weniger Aufwand; Nicht öffentlich; Informationsfluss zu nur wenigen Kapitalgebern; Flexibel gestaltbar; Sicherheitenstellung nicht erforderlich	Kapitalgeber mit erhöhter Risikoeinschätzung; Hohe Öffentlichkeitsaktion; Kapitalgeber mit externer Kontrollfunktion; Vergleich zur Anleihe geringere Kosten und Aufwand; Kapitalmarktzugang	Eigenkapitalähnliche Finanzierung ohne Änderung der Eigentumsverhältnisse; kein externes Rating; Kapitalquelle auch bei größeren geschäftlichen Risiken erschließbar	Verbesserung der Bilanzstruktur; Flexible Gestaltung; Erschließung neuer Investorenkreise	Reduzierung der Fremdkapitalkosten; Positiver Ratingeffekt; Unternehmensrisiko Gestaltungsformen denkbar; Erschließung neuer Investorenkreise	Finanzierung von Unternehmen mit vermindertem Bonität oder erhöhtem Risiko; Verzinsung individuell gestaltbar; Flexibel gestaltbar; Erschließung neuer Investorenkreise; Besicherung in der Regel nicht erforderlich	Freisetzung von Liquidität; Erhöhung der Eigenkapitalquote durch Reduzierung der Bilanzsumme (EK bleibt absolut gleich); Effizienzgewinne im Forderungsmanagement möglich	Hohe Finanzierungsbeteiligte möglich; kein langer Laufzeiten möglich; Kapitaleinsatz selten erforderlich; Liquidität wird geschont
Nachteile	Höhere Renditeerwartungen der Kapitalgeber, Laufende Informationspflichten gegenüber Aktionären und durch Ausschüttungen; Stimmrechtsverwässerung durch zusätzliches Eigenkapital, Hohe Transparenz-, Informations- und Publizitätsanforderungen	(Teilweise) Eigentümerwechsel (Sondervorzüge); Erfolgsversprechende Dokumentationserfordernis; bankinternes Rating erforderlich; Sicherheitenstellung erforderlich	Vergleichsweise teuer, Erfolgsabhängige Dokumentationserfordernis; bankinternes Rating erforderlich; Sicherheitenstellung erforderlich	Erst ab gewissen Volumen sinnvoll; Hohe Dokumentationserfordernisse; Informationsverpflichtungen gegenüber mehreren Kreditgebern; Umfangreichere Klauseln (Covenants) üblich; Sicherheiten ofmals erforderlich; Schwierige Konsensfindung zwischen allen Beteiligten in der Krise	Aufwendiger Prüfungsprozess; Oftmals Konditionierungs- und Vertonzufe des Kapitalgebers; Externes Rating (erhöht die Kapitalkosten); Externes Rating erforderlich; Professionelle Kreditgeber, oft auch Geringe Veröffentlichungspflicht des Papiers; keine privaten Anleger	Aufwendiger Prüfungsprozess; Oftmals Konditionierungs- und Vetorechte des Kapitalgebers; Externes Rating (erhöht die Kapitalkosten); Externes Rating erforderlich	Je nach Unternehmen hohe Verzinsung erforderlich; ggf. kapitalgeberische Mitsprache-, Kontroll- und Vetorechte	Ggf. hohe zu leistende Verzinsung; Erhöhter Aufwand durch Informationspflichten	Gegenwärtige oder absehbare Fremdkapitalkosten; Konditionen individuell aushandelbar; Kapitalgeber mit Ausschüttungs- oder Verwässerung der Eigentümerstruktur; Externes Rating erforderlich	Hohe, dem Risiko entsprechende Kosten; Kapitalgeber mit ggf. Mitsprache-, Kontroll- und Vetorechte; Hohe Abschläge von Eigenkapitalgeber möglich; Bonität	Im Vergleich zu anderen Finanzierungsarten teuer; Konditionen bindend meistens verhandelbar; Hohe Abschläge von Eigenkapitalgeber möglich; Forderungen mit schwacher Bonität	Wird von anderen Kapitalgebern häufig als Verschlechterung gewertet; Laufende Liquiditätsbelastung durch Leasingraten; u.U. Rückkaufverpflichtung
Eignung													
Refinanzierung	Trifft nicht zu	Akzeptabel	Geeignet	Geeignet	Geeignet	Geeignet	Geeignet	Weniger geeignet	Weniger geeignet	Weniger geeignet	Nicht geeignet	Trifft nicht zu	Trifft nicht zu
Umfinanzierung/Ablösung	Geeignet	Nicht geeignet	Geeignet	Geeignet	Geeignet	Geeignet	Weniger geeignet	Nicht geeignet	Akzeptabel	Akzeptabel	Weniger geeignet	Geeignet	Geeignet
Optimierung der Bilanzstruktur	Sehr gut geeignet	Akzeptabel	Nicht geeignet	Nicht geeignet	Nicht geeignet	Nicht geeignet	Sehr gut geeignet	Sehr gut geeignet	Gut geeignet	Gut geeignet	Gut geeignet	Gut geeignet	Gut geeignet
Aufstockung Betriebsmittel	Geeignet	Akzeptabel	Geeignet	Geeignet	Geeignet	Geeignet	Geeignet	Geeignet	Geeignet	Geeignet	Akzeptabel	Gut geeignet	Ungeeignet
Kapitalausschüttung	Sehr gut geeignet	Geeignet	Nicht geeignet	Nicht geeignet	Nicht geeignet	Nicht geeignet	Nicht geeignet	Nicht geeignet	Nicht geeignet	Weniger geeignet	Nicht geeignet	Ungeeignet	Ungeeignet
Unternehmenskauf	Sehr gut geeignet	Geeignet	Nicht geeignet	Nicht geeignet	Nicht geeignet	Nicht geeignet	Weniger geeignet	Weniger geeignet	Geeignet	Geeignet	Geeignet	Geeignet	Geeignet
Unternehmensverkauf	Geeignet	Geeignet	Nicht geeignet	Nicht geeignet	Nicht geeignet	Nicht geeignet	Geeignet	Geeignet	Geeignet	Geeignet	Gut geeignet	Ungeeignet	Ungeeignet
Investition	Sehr gut geeignet	Gut geeignet	Gut geeignet	Gut geeignet	Gut geeignet	Gut geeignet	Sehr gut geeignet	Sehr gut geeignet	Gut geeignet	Gut geeignet	Gut geeignet	Weniger geeignet	Gut geeignet
Erbschaft/Eigentumsübergang	Geeignet	Ungeeignet	Weniger geeignet	Weniger geeignet	Weniger geeignet	Weniger geeignet	Weniger geeignet	Weniger geeignet	Weniger geeignet	Weniger geeignet	Gut geeignet	Weniger geeignet	Weniger geeignet

Anlage 7

Exkurs: Die Kommanditgesellschaft auf Aktien – Rechtsform für Mittelstand und Familienunternehmen?

1. Überblick

Die Kommanditgesellschaft auf Aktien (KGaA) ist sowohl handels- wie steuerrechtlich eine hybride Rechtsform. Sie vereint Elemente einer Personen- und Kapitalgesellschaft in einer eigenständigen Rechtspersönlichkeit. Aufgrund der vielfältigen Gestaltungsmöglichkeiten bei der rechtlichen Ausgestaltung der Gesellschaft und der hieraus resultierenden Unsicherheiten in der Besteuerung der Gesellschaft und ihrer Anteilseigner stellt sie aber gleichzeitig eine komplexe Rechtsform dar. Von den rd. 1,5 Mio. am 01.01.2011 im Handelsregister eingetragenen Unternehmen sind gerade einmal 228 in der Rechtsform der KGaA organisiert.[1]

Interessanterweise sind trotz dieses Schattendaseins mit Henkel, Merck, Fresenius und Fresenius Medical Care gleich 4 der DAX 30-Unternehmen als KGaA organisiert.[2] Aktuell beabsichtigt der Medienkonzern Bertelsmann für seinen bevorstehenden Börsengang einen Rechtsformwechsel in eine SE & Co. KGaA.[3] Weitere bekannte Namen sind beispielsweise Dräger, Hella, Schwartauer Werke, Jack Wolfskin und der Landmaschinenhersteller Claas oder im Profifußball die Lizenzspielerabteilungen von Borussia Dortmund und Eintracht Braunschweig. In Österreich dagegen wurde die Rechtsform der KGaA bereits 1965 wieder abgeschafft, nachdem zwischen 1945 und 1965 gerade einmal zwei Unternehmen als KGaA errichtet wurden.[4]

Aufgrund ihrer strukturellen Vorteile für den Großaktionär – Wahrung des Einflusses auf die Geschäftsführung bei gleichzeitiger Flexibilität hinsichtlich der Eigenkapitalaufnahme – hat die Rechtsform der KGaA in den letzten Jahren wieder an Bedeutung gewonnen.[5] Mit Blick auf die genannten Unternehmen fällt auf, dass es sich bei ihnen um börsennotierte bzw. kapitalmarktorientierte Gesellschaften handelt, an denen die Gründerfamilien wesentlich beteiligt sind. Vor diesem Hintergrund soll nachfolgend die Eignung der KGaA für eine kapitalmarktorientierte Finanzierung mittelständischer Unternehmen – und hier insbesondere die Eigenfinanzierung durch Ausgabe von Aktien – eingehender betrachtet werden.

---

[1] Vgl. *Bosse/Windhagen* (2011), S. 4.
[2] Eigene Recherche, Stand: 16.04.2012.
[3] Vgl. *Handelsblatt* (2012b).
[4] Vgl. *Perlitt* in: MüKo, Vorbemerkung zu § 278 AktG, Rz. 146.
[5] Vgl. *Habersack/Mülbert/Schlitt* (2008), S. 72; *Handelsblatt* (2012b).

2. Rechtliche Gestaltung der KGaA

a) Struktur und Organe

Die KGaA ist eine Gesellschaft mit einer eigenen Rechtspersönlichkeit (§ 278 Abs. 1 AktG). Sie besteht, ähnlich wie die Kommanditgesellschaft, aus zwei verschiedenen Gesellschaftergruppen, nämlich den unbeschränkt und persönlich haftenden Komplementären und den Kommanditaktionären, die nur mit den von ihnen gezeichneten Aktien für die Verbindlichkeiten der KGaA haften.[6]

Das Eigenkapital der KGaA ist zweigeteilt und besteht aus dem Grundkapital (Gezeichneten Kapital), welches in Aktien zerlegt ist und von den Kommanditisten gehalten wird, und den Vermögenseinlagen der Komplementäre. Haben die Komplementäre solche Vermögenseinlagen erbracht, sind diese als gesonderter Kapitalposten auszuweisen (§ 286 Abs. 2 Satz 1 AktG). Ob und in welcher Höhe Vermögenseinlagen durch die Kommanditisten zu erbringen sind, bestimmt die Satzung; zwingend vorgeschrieben sind sie nicht. Fehlen solche zusätzlichen Einlagen, liegt eine sogenannte Nullbeteiligung vor; der Beitrag des Komplementärs beschränkt sich in diesem Fall auf die persönliche Haftung. Diese Beteiligungsstruktur ist insbesondere dann anzutreffen, wenn es sich bei dem Komplementär um eine Kapitalgesellschaft handelt. Unabhängig von einer Vermögenseinlage können die Komplementäre zusätzlich auch Kommanditaktien erwerben.[7]

Wie die Aktiengesellschaft, verfügt auch die KGaA über drei Organe: Die Hauptversammlung als Vertretungsorgan der (Kommandit-)Aktionäre, einen Aufsichtsrat als Kontrollorgan und den oder die Komplementäre als Geschäftsführungsorgan.

b) Rechtsstellung der Komplementäre

Die Geschäftsführungs- und Vertretungsbefugnis für den Komplementär ergibt sich aus den für die Unternehmensführung anzuwendenden Regelungen des § 278 Abs. 2 AktG und den §§ 161 bis 177a HGB sowie den ergänzenden Vereinbarungen im Gesellschaftsvertrag. Komplementäre der KGaA sind sogenannte geborene Geschäftsführungsorgane. Diese können, anders als der Vorstand einer Aktiengesellschaft, nicht auf Zeit bestellt werden.[8] Die Geschäftsführungsbefugnis kann nur bei Vorliegen eines wichtigen Grundes durch Klage nach einem vorherigen Hauptversammlungsbeschluss entzogen werden. Die Geschäftsführung ist somit der Personalkompetenz des Aufsichtsrates entzogen. Der Aufsichtsrat hat folglich keinen Einfluss auf die Bestellung und die Abberufung der Geschäftsleitung sowie deren Vergütung. Dies gilt selbst

---

[6] Vgl. *Nagel/Wittkowski* (2012), S. 21 f.; *Drüen/van Heek* (2012), S. 542.
[7] Vgl. *Drüen/van Heek* (2012), S. 542.
[8] Vgl. *Nagel/Wittkowski* (2012), S. 22.

dann, wenn die Gesellschaft der Mitbestimmung unterliegt. Hieran ändert sich auch dann nichts, wenn eine (Kapital-)Gesellschaft die Stellung des Komplementärs übernimmt. In diesen Fällen bestimmt allein die für die Komplementärgesellschaft geltende Organisationsverfassung über die Bestellung und Abberufung, Vergütung sowie Anstellungsbedingungen der Person, die für die Komplementärgesellschaft die Geschäfte der KGaA führt.[9]

Der Umfang der Geschäftsführungsbefugnisse des Komplementärs der KGaA entspricht den Kompetenzen des Komplementärs der Kommanditgesellschaft. Der Komplementär kann alle Handlungen vornehmen, die der gewöhnliche Geschäftsbetrieb der Gesellschaft mit sich bringt. Nur für außergewöhnliche Geschäfte bedarf der Komplementär der Zustimmung der Hauptversammlung.[10]

Aufgrund der weitreichenden Gestaltungsfreiheiten kann die Stellung der Komplementäre im Vergleich zum Vorstand einer Aktiengesellschaft gestärkt, geschwächt oder in eine weitgehende Weisungsabhängigkeit werden. Ferner kann die Satzung den Umfang der Geschäftsführungsbefugnisse über die gewöhnlichen Maßnahmen hinaus auch auf außergewöhnliche Maßnahmen ausdehnen. Jedoch kann die Geschäftsführungsbefugnis nicht auf solche Grundlagengeschäfte ausgedehnt werden, die den Kernbereich der Gesellschafterrechte der Kommanditaktionäre unmittelbar (mit-)betreffen.[11]

Durch entsprechende Gestaltungen im Gesellschaftsvertrag der KGaA und der Komplementärgesellschaft kann somit auch im Falle der Ausgabe von Aktien an ein breites Publikum der Einfluss der bisherigen Eigentümer des Unternehmens erhalten und die KGaA gegen eine unerwünschte Überfremdung geschützt werden.

c) Rechtsstellung der Kommanditaktionäre

Die Rechte und Pflichten der Kommanditaktionäre richten sich gemäß § 278 Abs. 3 AktG weitgehend nach den aktienrechtlichen Regelungen für Aktionäre einer Aktiengesellschaft. Ein- und Austritt der Kommanditaktionäre erfolgt durch Erwerb bzw. Veräußerung der Kommanditaktien. Neben der Verpflichtung zur Erbringung der Einlage erschöpfen sich die Pflichten des einzelnen Kommanditaktionärs in der allgemeinen gesellschaftsrechtlichen Treuepflicht und den Mitteilungspflichten nach § 20 AktG bei nicht börsennotierten und §§ 21 ff. WpHG börsennotierter Unternehmen.[12]

---

[9] Vgl. *Bosse/Windhagen* (2011), S. 5.
[10] Vgl. *Bosse/Windhagen* (2011), S. 6.
[11] Vgl. *Nagel/Wittkowski* (2012), S. 51.
[12] Vgl. *Nagel/Wittkowski* (2012), S. 58.

Als wesentliche Rechte der Kommanditaktionäre sind das Recht zur Teilnahme an der Hauptversammlung, verbunden mit dem Rede-, Stimm- und Auskunftsrecht, das Gewinnbezugsrecht und das Recht zur Einsichtnahme in den Jahresabschluss zu nennen. Dies umfasst auch die Bestellung des Abschlussprüfers, die Bestellung und Abberufung der Aufsichtsratsmitglieder, die Entlastung der geschäftsführenden Komplementäre und die Beschlussfassung über die Verwendung des auf die Kommanditaktionäre entfallenden Gewinns.[13] Eine Besonderheit der KGaA gegenüber der Aktiengesellschaft ist, dass über die Feststellung des Jahresabschlusses durch die Hauptversammlung zu beschließen ist, dieser Beschluss aber der Zustimmung durch die Komplementäre bedarf.[14]

d)   Aufsichtsrat

Der Aufsichtsrat ist ein Pflichtorgan der KGaA, dessen Mitglieder durch die Hauptversammlung gewählt und abberufen werden. Er überwacht die Geschäftsleitung der Komplementäre und vertritt die Gesamtheit der Kommanditaktionäre gegenüber diesen. Die für seine Überwachungstätigkeit notwendigen Informationen erhält er aus den Berichten der Komplementäre, ihm stehen insofern die bei der Aktiengesellschaft üblichen Informations- und Prüfungsrechte zu. Im Vergleich zur Aktiengesellschaft hat der Aufsichtsrat bei der KGaA jedoch eine deutlich geringere Kompetenz, was durch die unabhängige Stellung der Komplementäre begründet ist. Insbesondere hat der Aufsichtsrat nicht die Kompetenz, Personalentscheidungen bezüglich der Komplementäre zu treffen oder eine Geschäftsordnung für diese zu erlassen. Dementsprechend hat der Aufsichtsrat auch keine Möglichkeit, zustimmungspflichtige Geschäftsführungsmaßnahmen festzulegen.[15] Die nachfolgende Abbildung soll das Verhältnis der verschiedenen Organe der KGaA zueinander abschließend verdeutlichen:

---

[13] Vgl. *Nagel/Wittkowski* (2012), S. 58.
[14] Vgl. *Nagel/Wittkowski* (2012), S. 92; *Bosse/Windhagen* (2011), S. 7.
[15] Vgl. *Nagel/Wittkowski* (2012), S. 64 ff.; *Bosse/Windhagen* (2011), S. 7.

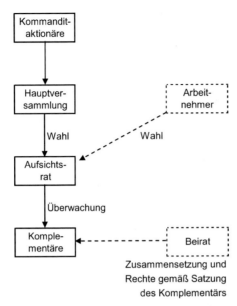

Abbildung 1: Verhältnis der Organe einer KGaA zueinander[16]

3. Gestaltungsvarianten der KGaA

In der Grundstruktur der KGaA gehört zu jeder der Gesellschaftergruppen mindestens eine natürliche Person. Gestaltungsvarianten ergeben sich, wenn anstelle einer natürlichen Person eine Personen- oder Kapitalgesellschaft eingesetzt wird:

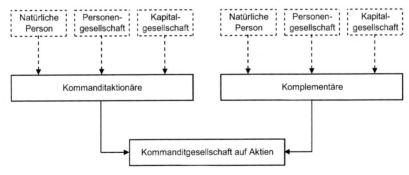

Abbildung 2: Gestaltungsvarianten der Gesellschaftergruppen der KGaA[17]

Für die Rolle des Komplementärs bietet sich in erster Linie an, eine haftungsbeschränkte Kapitalgesellschaft wie beispielsweise eine GmbH, AG oder SE einzusetzen. Diese Gestaltung ist mit der Errichtung einer GmbH & Co. KG vergleichbar, man spricht dann von einer atypischen

---

[16] Eigene Darstellung.
[17] Eigene Darstellung.

KGaA. Das Risiko der unbeschränkten Haftung wird dadurch auf das Vermögen der Komplementär-Kapitalgesellschaft beschränkt. Ist nur ein Kommanditaktionär vorhanden und dieser gleichzeitig auch alleiniger Gesellschafter der Komplementärgesellschaft, liegt eine sogenannte Einmann-KGaA vor. Das Einsetzen einer Personengesellschaft als Komplementär bietet dagegen keine bedeutenden Vorteile, da hierdurch keine Haftungsbeschränkung erreicht werden kann.[18]

Auf der Seite der Kommanditaktionäre ist insbesondere bei der atypischen KGaA als Gestaltungsmöglichkeit erwähnenswert, wenn die Beteiligungen an der Komplementärgesellschaft und am Kommanditkapital disproportional verlaufen. Hierbei kann durch die mehrheitliche oder vollständige Beherrschung der Komplementärgesellschaft die gesamte KGaA beherrscht werden bei einer gleichzeitigen geringeren Beteiligung am Kommanditkapital.[19]

4. Besonderheiten der KGaA bei Übernahmeversuchen

Die hybride Struktur der KGaA führt bei börsennotierten Gesellschaften zu einer besonderen Position gegenüber unerwünschten Übernahmeversuchen. Denn ein Übernahmeangebot (Freiwilliges Angebot oder Pflichtangebot) im Sinne des WpÜG kann sich nur auf die Aktien der Kommanditaktionäre erstrecken, nicht aber auf die Komplementärstellung. Kann der Bieter nicht gleichzeitig die Kontrolle über die Komplementärstellung erlangen (beispielsweise durch die Übernahme der Komplementärgesellschaft), ist die KGaA für ihn mangels der Möglichkeit zur Einflussnahme auf die Geschäftsführung uninteressant.[20]

5. Die Eignung der KGaA für den Kapitalmarkt

Die vorstehenden Ausführungen haben deutlich gemacht, dass die Rechtsform der KGaA insgesamt eine nicht zu unterschätzende Komplexität aufweist. Wegen des damit verbundenen administrativen Aufwands macht die Wahl dieser Rechtsform auch erst ab einer gewissen Unternehmensgröße Sinn.

Die Kommanditaktien einer KGaA sind wie die Aktien einer Aktiengesellschaft kapitalmarktfähig und eröffnen damit den Zugang zum Kapitalmarkt in Form der Eigenkapitalbeschaffung über die Börse, ohne dass durch die Ausgabe der Kommanditaktien die Komplementäre die

---

[18] Vgl. *Nagel/Wittkowski* (2012), S. 24 ff.
[19] Vgl. *Nagel/Wittkowski* (2012), S. 29.
[20] Vgl. *Bosse/Windhagen* (2011), S. 8.

Entscheidungsgewalt über das Unternehmen aus der Hand geben. Die Aktiengesellschaft gewährt diesen Vorteil wegen der Parität zwischen Kapitalanteil und Stimmrecht nicht.

Die Rechtsform der KGaA dürfte insbesondere für größere Eigentümerfamilien interessant sein, da sie die Teilung zwischen Unternehmensleitung und rein finanziellen Interessen sowie die Aufteilung der Anteile am Unternehmen auf mehrere Nachkommen im Rahmen von Vererbungen erleichtert.

Die wesentlichen Nachteile der KGaA liegen in der im Vergleich zur Aktiengesellschaft geringeren Bekanntheit bei ausländischen Investoren, der komplexen rechtlichen und steuerlichen Unternehmensstruktur und der möglicherweise fehlenden Trennung von Kapital und Management.[21]

6. Fazit

Die KGaA bietet insbesondere Familienunternehmen eine Rechtsform, über die mittels Aktienemission Eigenkapital eingeworben und dabei gleichzeitig der Einfluss der Alteigentümer weitgehend gewahrt werden kann. Auch ist die KGaA gegen unerwünschte Übernahmen weitestgehend immun, was aber gleichzeitig ihren Aktien einen Teil der Kursphantasie nimmt. Mit Hinblick auf den hohen administrativen Aufwand infolge der Komplexität dieser Rechtsform hinsichtlich der formalen Abläufe und der Besteuerung der Anteilseigner sowie der anzunehmenden fehlenden Bekanntheit bei ausländischen Investoren dürfte sie jedoch nur für größere mittelständische Unternehmen, die über einen hohen Bekanntheitsgrad verfügen, eine echte Alternative gegenüber der klassischen Aktiengesellschaft darstellen.

---

[21] Vgl. *Habersack/Mülbert/Schlitt* (2008), S. 71.

Anlage 8
Zulassungsvoraussetzungen und Folgepflichten Mittelstandssegmente
Quelle: Eigene Darstellung

	Frankfurter Wertpapierbörse				m:access	
	Aktien		Anleihen			
	Open Market	Entry Standard	Open Market	Entry Standard	Aktien	Anleihen
Zulassungsvoraussetzungen						
Schriftlicher Zulassungsantrag	●	●	●	●	●	●
International Securities Identification Number (ISIN) vorhanden	●	●	●	●	●	●
Freie Handelbarkeit, keine behördlichen Untersagungen	●	●	●	●	●	●
Wertpapierprospekt	○	●	●	●	●	●
Kein Wertpapierprospekt erforderlich, wenn bereits an einen anderen Börsenplatz in den Handel einbezogen	●					
Emissionsdatenblatt	●					
Aktueller Handelsregisterauszug (nicht älter als 4 Wochen)		●		●	●	●
Gültige Satzung oder Gesellschaftsvertrag		●			●	●
Einzel- oder Konzernabschluss nach HGB, in deutscher Sprache		●		●	●	●
Einzel- oder Konzernabschluss nach IFRS, in deutscher Sprache		○		○		
Kurzprotrait des Unternehmens auf dessen Internetseiten		●		●	●	
Mindestgrundkapital (m:access: 1 Mio. €)					●	
Mindeststückelung 1.000 €			●	●		●
Anleihen dürfen nicht nachrangig sein			●	●		●
Externes Rating einer zertifizierten Ratingagentur			○	●		●
Aktuelle Unternehmenskennzahlen					●	●
Zugelassener Emissionsexperte erforderlich		●		●		
Folgepflichten						
Unverzügliche Veröffentlichung wichtiger Unternehmensnachrichten ("Corporate News") auf den Internetseiten des Emittenten		●		●	●	●
Einzel- oder Konzernabschluss nach HGB, in deutscher Sprache		●	○	●	○	○
Einzel- oder Konzernabschluss nach IFRS, in deutscher Sprache jeweils innerhalb von 6 Monaten nach Geschäftsjahresende		○		○	○	○
Alternativ: Veröffentlichung Kernaussagen zum Abschluss				●		
Veröffentlichung eines Halbjahresberichtes innerhalb von 3 Monaten nach Ende des Halbjahres		●		●	●	●
Veröffentlichung Unternehmenskurzprotät auf dessen Internetseiten, jährlich zu aktualisieren		○	○	●	●	●
Veröffentlichung Unternehmenskalender auf dessen Internetseiten		○		●	●	●
Veröffentlichung Wertpapierprospekt auf dessen Internetseiten für die Dauer dessen Gültigkeit				●	●	●
Veröffentlichung jährliches Folgerating				●		●
Veröffentlichung aktuelle Unternehmenskennzahlen		●		●	●	●
Teilnahme Analysten- & Investorenkonferenz					●	●

● Zwingend erforderlich ○ Optionale Verbesserung

Anlage 9
Indikative Kosten von Börsengang und Börsennotierung
Quelle: Bösl (2004), S. 187 ff., mit eigenen Ergänzungen

Kostenposition	ungefährer Betrag	Anmerkungen
Kosten des Börsengangs		
Fixhonorar IPO-Beratung	ca. 10.000 €	Monatlich
Variables Erfolgshonorar IPO-Beratung		0,75 bis 1%; abhängig vom Emissionsvolumen
Gründung/Umwandlung AG/SE/KGaA	ca. 50.000 €	Abhängig vom Verfahren
Umstellung Rechnungswesen auf IAS/IFRS	ab 50.000 €	Abhängig von Unternehmensgröße und -organisation, Softwaresystem und Komplexität der Geschäftsprozesse
Kommunikationsmaßnahmen zum Börsengang		
- Fixhonorar Agentur	ab 10.000 €	Monatlich
- Anzeigenkampagne		ca. 6 Wochen vor dem Börsengang
- Pressearbeit	ca. 50.000 €	I.d.R. 3 Monate vor Börsengang
- Unternehmensbroschüre/Folder	ab 10.000 €	Abhängig von Gestaltung und Auflage
- Geschäftsbericht	ca. 50.000 €	Abhängig von Gestaltung und Auflage
- Überarbeitung Internetauftritt	ca. 50.000 €	Abhängig von Gestaltung
Financial Due Dilligence	ca. 100.000 €	
Legal Due Dilligence	ca. 100.000 €	
Haftpflichtversicherung für Due Dilligence-Prüfer	ca. 50.000 €	
Kosten lfd. Rechtsberatung und Wirtschaftsprüfer	ca. 50.000 €	
Zusammenstellung Verkaufsprospekt	ca. 200.000 €	
Druck und Versand Verkaufsprospekt	ca. 100.000 €	
Comfort Letter und Legal Option	ca. 25.000 €	
Platzierungsprovision der Banken		4 bis 6% vom Emissionsvolumen
Kostenpauschale Banken	ca. 150.000 €	evtl. (teilweise) Anrechnung auf Platzierungsprovision
Break-up Fee Banken	ca. 250.000 €	bei Abbruch Börsengang
Börseneinführungsprovision Banken		0,75 bis 1% vom Nominalwert
Road Show	ab 50.000 €	Abhängig von Gestaltung
Notar- und Registrierungsgebühren	ca. 50.000 €	Abhängig von Höhe der Kapitalerhöhung
Zulassungsgebühr		Abhängig von Börsenplatz und Marktsegment
Pflichtveröffentlichungen	ca. 100.000 €	
Einführungsgebühr		Abhängig von Börsenplatz und Marktsegment
Folgekosten der Börsennotierung		
Notierungsgebühr		Abhängig von Börsenplatz und Marktsegment
Zahl- und Hinterlegungsstellenvergütung		ca. 0,5% der Bruttoausschüttungssumme
Designated Sponsor	ca. 50.000 €	
Quartals- und Geschäftsberichte pro Jahr	ca. 100.000 €	Abhängig von Gestaltung und Auflage
Risikomanagementsystem		Abhängig von der Ausgestaltung
Road Show/Analystenmeeting	ab 50.000 €	Abhängig von Gestaltung
Hauptversammlung		Notar ca. 50.000 €; daneben ca. 250 € pro Teilnehmer
Investor Relations		Abhängig von der Ausgestaltung
Informations- und Veröffentlichungspflichten	ca. 5.000 €	

Bei den vorstehenden Werten handelt es sich um indikative Schätzwerte!

Anlage 10
Börsensegmente für Mittelstandsanleihen
Quelle: Bösl/Hasler (2012); Finance (2011)

Börsensegment	Bondm	Entry Standard für Anleihen	der mittelstandsmarkt	m:access bonds	Mittelstandsbörse Deutschland
Börsenplatz	Stuttgart	Frankfurt	Düsseldorf	München	Hamburg/Hannover
Mindestvolumen	Keine Vorgabe	Keine Vorgabe	Mind. 10 Mio. €	25 Mio. € ("soll")	Keine Vorgabe
Mindeststückelung	max. 1.000 €	max. 1.000 €	max. 1.000 €	Entfällt	max. 1.000 €
Rating	Erforderlich	Erforderlich	Mind. BB bei Erstnot.	Erforderlich	Nicht erforderlich
Folgerating	Erforderlich	Erforderlich	Erforderlich	Erforderlich	Nicht erforderlich
Veröffentlichung Rating	Auf Homepage	Auf Homepage	Auf Homepage	Auf Homepage	Entfällt
Jahresabschluss	Letztes Geschäftsjahr	Letztes Geschäftsjahr	Letzte 3 Geschäftsjahre	Letzte 3 Geschäftsjahre	Letzte 3 Geschäftsjahre
Zwischenabschluss	Erforderlich	Erforderlich	Erforderlich	Entfällt	Entfällt
Quasi-Ad hoc-Pflicht	Ja	Ja	Ja	Ja	Ja
Finanzkalender	Erforderlich	Erforderlich	Erforderlich	Erforderlich	Erforderlich
Begleitende Experten	Erforderlich	Erforderlich	Erforderlich	Erforderlich	Nicht erforderlich